W0172422

Olaf Scholz

HOFFNUNGSLAND
Eine neue deutsche Wirklichkeit

Hoffmann und Campe

1. Auflage 2017
Copyright © 2017 by Hoffmann und Campe Verlag, Hamburg
www.hoca.de
Satz: Dörlemann Satz, Lemförde
Gesetzt aus der Minion und der Helvetica
Druck und Bindung: Friedrich Pustet, Regensburg
Printed in Germany
ISBN 978-3-455-00113-6

HOFFMANN
UND CAMPE

Ein Unternehmen der
GANSKE VERLAGSGRUPPE

Für Britta

INHALT

VORWORT

»Mögest du in interessanten Zeiten leben«, lautet ein chinesischer Sinnspruch, von dem nicht klar überliefert ist, ob er als frommer Wunsch oder als böser Fluch verstanden werden soll. Wir leben zweifellos in interessanten, sehr bewegten Zeiten, ob wir es wollen oder nicht. Seit dem Fall der Berliner Mauer hat unser Land nicht mehr vor solchen Herausforderungen gestanden wie im Augenblick.

Die Welt erlebt gerade eine Zeitenwende. Aus dem Nahen und Mittleren Osten flüchten die Menschen in das ziemlich sichere Europa, aus Afrika machen sich Migrantinnen und Migranten auf der Suche nach einem besseren Leben in Richtung Norden auf. Gleichzeitig scheinen sich die Bindungskräfte innerhalb Europas zugunsten neuer Nationalismen zu lockern. Die mageren Wachstumsraten in den Industrieländern scheinen zudem das Versprechen zu untergraben, dass jeder gut zurechtkommt, der fleißig ist und sich an die Regeln hält. All diese Veränderungen vollziehen sich vor der Folie eines internationalen Terrorismus, der den Nahen und Mittleren Osten genauso bedroht wie das Sicherheitsgefühl in der westlichen Welt.

Eine Zeitenwende zeichnet sich durch zwei Charakteristika aus: Politische Gewissheiten verblassen, und die Politik ist mit den täglichen Reaktionen auf die Veränderungen so beschäftigt, dass ihr kaum die Zeit bleibt, den Kopf zu heben und das große Ganze in den Blick zu nehmen. Dies gelingt oft erst im Rückblick, mit ein paar Jahren Verzögerung und mit dem Wissen, wohin sich die Zeiten denn schließlich gewendet haben.

Ich möchte nicht warten, bis sich unser Schicksal entschieden hat, sondern lege dieses Buch jetzt mitten in der Zeitenwende vor. Denn ich bin überzeugt, dass wir es in der Hand haben, die laufenden Veränderungen zu beeinflussen, wenn wir jetzt die richtigen Schlüsse ziehen und die zentralen Entscheidungen treffen. Wir dürfen nicht abwarten, bis uns die Umstände das Handeln aufzwingen, sondern müssen handeln, um die Umstände zu prägen.

Wie soll sich die Europäische Union weiterentwickeln? Wie geht Deutschland mit Zuwanderung von Flüchtlingen und Arbeitskräften um? Wie kann Gerechtigkeit in den Zeiten der Globalisierung gewährleistet werden? Das sind drei Fragen, die nur ganzheitlich beantwortet werden können. Und es sind gegenwärtig zugleich die drei wichtigsten Fragen an die deutsche Politik. Von den Antworten hängt die Zukunft unseres Landes ab.

Ich bin fest davon überzeugt, dass unser Land einen fundamentalen Wandel in der Wahrnehmung durchlaufen hat, dessen Tragweite viele noch gar nicht erkannt haben: Vom Schrecken Europas sind wir zum *Hoffnungsland* für so viele geworden. Unser Land ist mit seiner wirtschaftlichen Stärke, gesellschaftlichen Liberalität und politischen Stabilität für viele Menschen in der Welt attraktiv geworden, nicht nur für Flüchtlinge. Diese *neue deutsche Wirklichkeit* sorgt für einige Veränderungen. Deutschland ist attraktiv wie nie – was in vielen den Wunsch wachsen lässt, in unserem Land eine Zukunft zu suchen. Das bringt Schwierigkeiten mit sich, aber auch Chancen.

Mit diesem Buch möchte ich Orientierung geben in bewegter Zeit. Ich leuchte gründlich die wichtigen Aspekte der Migrationsdebatte aus, die bislang hierzulande noch viel zu häufig pauschal und undifferenziert geführt wird. Ich plädiere für sichere und gesicherte Außengrenzen, für unterschiedliche Wege der Zuwanderung nach Deutschland, für eine gerechtere Verteilung von Flüchtlingen in Europa und dafür, unser liberales und fortschrittliches Asylrecht aufrechtzuerhalten. Ich gebe Hinweise, an welchen Stellen wir uns von mancher Lebenslüge verabschieden, wo wir gesetzgeberisch handeln müssen und wo unsere Verwaltungswege noch zu kompliziert sind. Ich zeige anhand konkreter Beispiele auf, was gut läuft, beispielsweise bei der Integration – aber auch, wo Verbesserungsbedarf besteht.

Hoffnungsland kann Deutschland aber nur sein, wenn auch seine Bürgerinnen und Bürger optimistisch und zuversichtlich in die Zukunft blicken. Das ist keineswegs ausgemacht. In den klassischen Industriestaaten und damit auch in Deutschland ist die Vorstellung, dass es den Kindern einmal besser gehen wird als ihren Eltern, nicht mehr ohne weiteres einlösbar. Die mittleren und unteren Einkommen sind unter Druck geraten. Auch wenn die Volkswirtschaft weiterhin wächst, sind die Zuwachsraten längst nicht mehr so enorm wie bis in die achtziger Jahre des 20. Jahrhunderts hinein.

Das bleibt nicht ohne Folgen für die Haltung, mit der unsere Bürgerinnen und Bürger in die Zukunft blicken. Mit zunehmendem Missvergnügen nehmen viele Deutsche eine wachsende Ungleichheit im Land wahr, woran auch der hohe Beschäftigungsstand nichts zu ändern vermag. Auch insoweit stecken wir in einer Zeitenwende, die heute schon von der Globalisierung und bald auch von der Digitalisierung vorangetrieben wird. Woran das liegt und was zu tun ist, damit die Soziale Marktwirtschaft eine Perspektive unter den sich rasant verändernden Bedingungen hat, erörtere ich deshalb sehr ausführlich im hinteren Teil des Buches.

Ich bin ein optimistischer Mensch und blicke positiv auf das, was die Zukunft für unser Land bereithält. »Die Zukunft hängt von uns selbst ab, und wir sind von keiner historischen Notwendigkeit abhängig«, formulierte der Philosoph Karl Popper so zutreffend. Nichts ist vorherbestimmt, sondern wir sind in der Lage, in jedem Moment den Lauf der Geschichte zu beeinflussen. Dafür müssen wir aber den Mut aufbringen, zu handeln, statt uns von den Ereignissen treiben zu lassen. Müssen nüchtern analysieren und entschlossen entscheiden, wie wir die neue Attraktivität Deutschlands für alle gewinnbringend nutzen können.

Als Hamburger Bürgermeister und Bundespolitiker habe ich all diese Fragen in Reden, Aufsätzen und Interviews immer wieder diskutiert. Ich freue mich, jetzt die Gelegenheit zu haben, meine Überlegungen und Vorschläge einmal im größeren Zusammenhang und in einem Umfang darzustellen, wie nur ein Buch ihn bietet. Ein solches Buch ist für den Verfasser eine gute Gelegenheit, die eigenen Vorstellungen zu prüfen, sie zu durchdenken und auszubauen. Für mich als

Autor ist es ein Gewinn gewesen, beim Verfassen dieses Buches neuen Aspekten zu begegnen, meine Vorstellungen auf ihre Praxistauglichkeit zu testen und meine Argumente zu schärfen. So habe ich schon vom Verfertigen dieses Werks profitiert. Ich wünsche mir, dass es den Leserinnen und Lesern bei der Lektüre ähnlich gehen mag.

Hamburg, im Frühjahr 2017

NEUE DEUTSCHE WIRKLICHKEIT

Was war das, was da im Jahr 2015 so scheinbar unerwartet über Europa und über Deutschland gekommen ist? Wieso haben sich Hunderttausende von Schutzsuchenden aus dem Irak, aus Eritrea, aus Afghanistan und vor allen Dingen aus Syrien auf den Weg nach Europa gemacht, zu uns? Weshalb hat die Europäische Union so zögerlich auf diese Massenbewegung reagiert? Warum ist auch die deutsche Verwaltung mit der Bewältigung dieser Aufgabe lange nicht ordentlich hinterhergekommen?

All diese Fragen spielen eine Rolle in den aktuellen politischen Debatten. Hierzulande diskutiert man mit großer Verve darüber, ob die überwiegend muslimischen Schutzsuchenden zu unserer »deutschen Leitkultur« passen, ob es Transitzonen im deutschen Grenzgebiet bedarf – und vor allen Dingen über die Frage, wann die Bundeskanzlerin diesen einen ikonischen Satz vom Herbst 2015 widerruft und damit dem Vorsitzenden ihrer bayerischen Schwesterpartei endlich Genüge tut.

Viel zu selten wird darüber gesprochen, welche Folgen diese letztlich umwälzenden Ereignisse des Jahres 2015 *tatsächlich* und *auf lange Sicht* haben – für uns, für unser Land, für unsere Gesellschaft. Darüber, was es bedeutet, wenn knapp 900 000 Frauen, Männer und Kinder innerhalb eines Jahres nach Deutschland kommen, hier wohnen und leben, lernen und arbeiten sollen. Was es für unser Land bedeutet. Für unser Selbstverständnis. Für unsere Rolle in der Welt. Für unsere Zukunft. Für unsere säkulare, liberale und offene Gesellschaft.

Die öffentlichen Wortmeldungen lassen sich ohne viel Mühe grob in zwei Blöcke unterteilen: jene, die davon ausgehen, dass sich in unserem Land so gut wie nichts verändern wird und muss. Deutschland sei groß und stark, alles andere werde sich (ein)fügen. Und die anderen, die teils in schrillem Ton buchstäblich das Ende des Abendlandes prophezeien. Sie marschieren gerne montags in Dresden, sie sitzen noch lieber in den Fernsehtalkshows dieses Landes, verbreiten ihre Horrorgeschichten und ziehen immer öfter mit ihren platten Parolen auch in die Landtage der Republik ein.

So gegensätzlich und unversöhnlich diese beiden Positionen sind, eint sie die Tendenz, einen genaueren Blick auf die tatsächlichen Gegebenheiten zu verweigern und sich an »gefühlten« Wahrheiten festzuhalten.

Es ist Zeit für einen nüchternen Blick auf die Herausforderungen, die sich unserem Land mit dem Zuzug von Hunderttausenden Schutzsuchenden stellen. Und es ist Zeit, einmal genau zu benennen, welche Chancen darin liegen, dass Deutschland für viele Menschen in der Welt zu einem *Hoffnungsland* geworden ist.

Wir alle sind bewegt, wenn wir uns an die Bilder aus dem Herbst 2015 erinnern, als Zehntausende freiwillige Helferinnen und Helfer, aber auch mindestens so viele engagierte Beamtinnen und Beamten fast Übermenschliches leisteten, als es darum ging, die Hunderttausenden Schutzsuchenden zu begrüßen, sie zu versorgen, einen Platz für die Nacht, Nahrung und frische Kleidung zu organisieren. Bewegt sind wir – und etwas ungläubig; bei vielen von uns mischt sich zu dem Stolz auf das Geleistete auch ein Gefühl der Ernüchterung darüber, was nicht so gut geklappt hat. Eine Ernüchterung über eine Europäische Union, die seither zerstritten scheint in zu vielen Fragen und bald nur noch aus 27 Staaten bestehen wird. Über eine Außenpolitik, der es trotz aller Anstrengung nicht gelungen ist, den Krieg in Syrien und den islamistischen Terror zu stoppen. Eine Ernüchterung über die politischen Verschiebungen in unserem eigenen Land, in dem plötzlich Rechtspopulisten viel Zulauf erhalten. Und nicht zuletzt auch Ernüchterung darüber, dass die Aufnahme von so vielen Flüchtlingen nicht ohne Schwierigkeiten und Rückschläge abläuft und sich nicht jeder, der zu uns gekommen ist, als unendlich dankbar und leicht integrierbar erweist. Eine Ernüchterung darüber, dass es auch bei uns zu Terroranschlägen kommt.

Natürlich war es nicht gut, dass wir damals kurzfristig nicht mehr die volle Kontrolle darüber hatten, wer zu uns kam. Das darf sich nicht wiederholen. Niemand war auf einen solch immensen Zulauf von Schutzsuchenden vorbereitet, weil wir zu lange die Augen verschlossen hatten vor den Entwicklungen in der Welt. Das darf uns nicht wieder passieren, dafür müssen wir Vorsorge treffen – beispielsweise indem wir dazu kommen, dass die Europäische Union gemeinsam ihre Außengrenze wirksam schützt und zugleich legale Wege der Zuwanderung in die EU öffnet. Die EU muss sich darauf einigen, wie die Gemeinschaft die Flüchtlinge fair auf alle Mitgliedstaaten verteilt.

Die Ernüchterung mag schmerzhaft sein – schlecht ist sie nicht. Wer nüchtern auf eine Sache blickt, hat eine realistischere Vorstellung von den Herausforderungen, vor denen wir stehen – in der großen weiten Welt wie in unseren großen und auch kleineren Städten. Und: eine realistischere Vorstellung von unseren Möglichkeiten und Kräften. Wir dürfen jetzt nicht einfach abwarten, sondern müssen die nötigen Entscheidungen treffen, damit Deutschland gut gerüstet ist für die Zukunft.

Wir erleben gegenwärtig einen fundamentalen Wandel in der Welt, der nur unzureichend mit dem Begriff Globalisierung beschrieben ist. Jahrelang haben wir teils fasziniert, teils verängstigt auf das Zusammenrücken der Welt geblickt. Globalisierung schien zuvorderst ein wirtschaftliches Phänomen zu sein, das sich beispielsweise an der wachsenden Zahl von Containerschiffen ablesen ließ, die an den Kais im Hamburger Hafen festmachten. Oder daran, dass Produktionen und damit viele Arbeitsplätze in Niedriglohnländer verlagert wurden.

Inzwischen müssen wir feststellen, dass sich auch die geopolitische Balance zwischen den Mächten verschiebt. Spätestens mit der Annexion der Krim hat Russland das Völkerrecht und damit unsere globale Sicherheitsarchitektur infrage gestellt. Zugleich erleben wir, dass das wirtschaftliche und politische Erstarken aufstrebender Länder keineswegs automatisch auch ihre Demokratisierung bedeuten muss. Und die Terroranschläge in Paris, Brüssel, in Istanbul und in Berlin sorgen zusätzlich für Verunsicherung. Diese Verunsicherung ist in nahezu allen Lebensbereichen spürbar.

Spätestens mit dem Krieg in Syrien spüren wir die Auswirkungen dieses fundamentalen Wandels direkter in unserem Alltag – weil sich mehr und mehr Frauen, Männer und Kinder von dort auf den Weg nach Mitteleuropa gemacht haben, um hier Schutz, Sicherheit und Zukunft zu finden. Offensichtlich wurde dabei, dass für Deutschland ohne eine einige, handlungsfähige Europäische Union kaum eine Möglichkeit besteht, das Geschehen in der Welt wirksam zu beeinflussen. Das betrifft die äußere Sicherheit genauso wie die wirtschaftliche Globalisierung oder die Aufnahme von Flüchtlingen. Europa ist für die Zukunft Deutschlands entscheidend. Dass die Institutionen der EU nur unzureichend in der Lage sind, schnell auf akute Herausforderungen zu reagieren, hat die Flüchtlingskrise einmal mehr bewiesen. Bewiesen hat sie aber auch, dass wir eine handlungsfähige Europäische Union tatsächlich brauchen und dass es für die zentralen Aufgaben in der immer weiter zusammenwachsenden Welt keine erfolgversprechenden nationalen Lösungsansätze gibt.

Deutschland sollte die Zuwanderung von so vielen Menschen in so vergleichbar kurzer Zeit als positives Signal sehen. Als ein Signal für einen fundamentalen Wandel in der Wahrnehmung unseres Landes: Die Bundesrepublik Deutschland ist zu einem Land geworden, auf das viele Menschen ihre Wünsche und Hoffnung projizieren. Ihren Wunsch nach einem lebenswerten Leben, einem Leben in Sicherheit, in Freiheit – und ihre Hoffnung, bei ihrem Streben nach Glück nicht enttäuscht zu werden.

Es sind nicht nur Flüchtlinge, die ihre Hoffnung auf ein besseres Leben mit Deutschland verbinden. Hunderttausende kommen jedes Jahr aus anderen Staaten der Europäischen

Union nach Deutschland. Es gibt auch Arbeitskräftezuwanderung von außerhalb der EU.

Die weltweiten Migrationsströme sind ein langfristiger Trend, eine Tatsache, auf die wir uns einstellen müssen. Europa wird sich auf Dauer nicht zur Gänze dagegen abschotten können; genauso wenig wird Europa unbegrenzt Zuwanderer aufnehmen können. Deshalb müssen wir einen klugen Mittelweg finden, um gewappnet zu sein für die Zukunft.

Mit der Losung »Life, Liberty and the Pursuit of Happiness« haben die Gründungsväter der Vereinigten Staaten von Amerika in der Unabhängigkeitserklärung von 1776 den »amerikanischen Traum« umschrieben. Ein Zukunftsversprechen an jeden, der ins Land kam: Sicherheit, Freiheit und die Chance auf Glück. Ein Versprechen, das zugleich eine Aufforderung war an alle, sich anzustrengen. Dieses Versprechen mag sich in den Vereinigten Staaten etwas relativiert haben, es hat aber über mindestens zwei Jahrhunderte für die Zuversicht gestanden, die Amerika groß gemacht hat.

Die Garantie von Sicherheit und Freiheit sowie die Chance, sein Glück zu machen, sind starke *Antriebsmotoren*. Auch wenn viele bei uns das längst noch nicht wahrgenommen haben und nicht wahrhaben wollen: Deutschland ist für viele Menschen in der Welt zu einem *Hoffnungsland* geworden – so wie die USA, deren Gründungsmythos davon erzählt, wie sich die Hoffnung auf ein gutes Leben in ein Streben nach dem guten Leben verwandelt hat. Barack Obama hat in einem Buch, noch als junger Senator, von der »Kühnheit der Hoffnung« gesprochen, der *Audacity of Hope*. Auch viele von denen, die zu uns kommen, bringen diese Kühnheit mit. Das ist, neben allen Anstrengungen, die wir jetzt leisten müssen, ein wichtiger Aspekt von Migration. Die Chance auf und der Wille nach sozialem Aufstieg sind ein starker Ansporn, und von diesem kann das ganze Land profitieren.

Unsere liberale, demokratische und offene Gesellschaft ist zu einem Vorbild geworden, wie kulturelle, ethnische und religiöse Unterschiede aufgehen können in einer gemeinsamen Vorstellung des friedlichen Zusammenlebens in Freiheit, Gerechtigkeit und Solidarität, ohne sich darin zu verlieren. Unsere Gesellschaften sind in der Lage, auch scharfe Widersprüche auszuhalten. Deshalb sollten wir weniger mit Sorge als mit Selbstbewusstsein auf die aktuellen Entwicklungen reagieren, sie nicht als Bedrohung, sondern als Auszeichnung für unsere offene Gesellschaft betrachten.

Deutschland ist *Hoffnungsland* geworden. Das sollte uns die Kraft geben, die Aufgaben der Zukunft zu schultern. Denn wir haben die entscheidenden Voraussetzungen, die Hinzugekommenen gut zu integrieren und zugleich gemeinschaftlich neue Perspektiven auf Wachstum und Wohlstand zu entwickeln. Wir werden es hinkriegen, wenn die offenen Gesellschaften Europas ihrer eigenen inneren Kraft vertrauen. Wenn wir jenen, die zu uns kommen, mit Respekt begegnen und ihnen eine faire Chance geben. Wenn wir sie nicht allein als Belastung, sondern auch als Bereicherung sehen. Wenn wir klare Anforderungen an sie stellen, ihnen zugleich aber auch eindeutige Perspektiven bieten, eine Arbeit zu finden und, wenn sie sich bei uns integrieren, nach einer gewissen Zeit auch die Staatsbürgerschaft zu gewähren. Deutschland wird von ihrem Unternehmergeist profitieren, von der Zuversicht, dem Fleiß und dem Aufstiegswillen, den die Zuwanderer mitbringen.

Es wird Rückschläge geben, das lässt sich wohl kaum vermeiden. Damit sollten wir aber gelassen umgehen und nicht alles sofort grundsätzlich infrage stellen. Und das können wir uns auch leisten angesichts dessen, was wir in den vergangenen beiden Jahren alle gemeinsam vollbracht haben. Da bin ich zuversichtlich.

Deutschland war nicht immer ein *Hoffnungsland.* »Nach Amerika«, war das Motto von Millionen europäischen Auswanderern.

Allein in den Jahren zwischen 1820 und 1915 zog es 60 Millionen Menschen von Europa weg in die Neue Welt. Sie entflohen Armut, Hoffnungslosigkeit und verkrusteten gesellschaftlichen Strukturen. Politische und religiöse Minderheiten wurden verfolgt: Jüdinnen und Juden aus Osteuropa flohen vor Pogromen, Sozialdemokratinnen und Sozialdemokraten aus Deutschland vor der Verfolgung unter Bismarck'schen Gesetzen.

»Nach Amerika« – das war die Chiffre für Hoffnung. Sensationell klangen die Geschichten von Leuten, die sich hochgearbeitet hatten. Bürgerinnen und Bürger, die unabhängig von Standesunterschieden als Gleiche akzeptiert werden, das gab es in Europa nicht. Heimkehrer charakterisierten Amerika als »Schmelztiegel«, der selbst Angehörige verfeindeter Nationen zusammenbrachte. 100 Millionen Briefe aus den Jahren zwischen 1820 und 1914 berichteten, wie es in der Neuen Welt war.

Frappierend erinnern diese Beschreibungen an die Umstände, die wir gerade entlang der Migrationsrouten nach Europa beobachten können: Es gab die phantastischen Geschichten über das Ziel, die gemischten Ströme auf dem Weg und die große Vielfalt an Motiven. Manche trieb es fort aus ihrer

Heimat, manche fühlten sich angezogen von den Erzählungen über den *American Dream*, wieder andere wurden aus ihrem Land vertrieben. Auf der anderen Seite des Atlantiks wartete ein Land, das sich ausdrücklich als Einwanderernation begriff und mit der Ermöglichung einer geordneten Ankunft auf Ellis Island in New York entsprechend vorbereitet war. Diese Wanderungsbewegung begleiteten damals kritische Fragen, die uns auch noch heute sattsam bekannt vorkommen. Benjamin Franklin beispielsweise, einer der Väter der US-Verfassung, klagte insbesondere über die Einwanderer aus Deutschland, weil sie sich jeder Integration verweigerten und weiter ihre Sitten, Gebräuche und ihre komplizierte Sprache pflegten, statt sich in den *American Way of Life* einzufügen. Ende des 18. Jahrhunderts stammten neun Prozent der Bewohnerinnen und Bewohner des jungen Staates aus Deutschland. Sie importierten deutsche Bücher, stellten deutschsprachige Schilder auf und redeten mit ihren Kindern nur deutsch. Da machte sich mancher Sorgen, ob die Deutschen denn überhaupt in der Lage seien, gute Amerikaner zu werden.

Der Migrationsdiskurs hat sich in den vergangenen 200 Jahren anscheinend nur unwesentlich verändert – nur dass Deutschland inzwischen seinerseits zum Einwanderungsland geworden ist. Zum *Hoffnungsland* für viele, die der Armut entkommen wollen oder eine wirtschaftliche und berufliche Zukunft suchen. Aber auch für Frauen, Männer und Kinder, die vor Krieg, Gewalt und Terror fliehen und bei uns vor allem eines suchen: Schutz.

Während viele ihre Hoffnungen auf unser Land richten, schauen hierzulande und auch im klassischen *Hoffnungsland*, den Vereinigten Staaten von Amerika, und all den anderen Industriestaaten immer mehr Bürgerinnen und Bürger mit wachsender Sorge in die Zukunft. Die Globalisierung, die niedrigeren Wachstumsraten und die wachsende Ungleichheit sind die Gründe dafür, die Ungewissheiten, die mit der fortschreitenden Digitalisierung einhergehen, werden sich künftig noch stärker hinzugesellen. Deutschland kann aber nur *Hoffnungsland* sein, wenn seine Bürgerinnen und Bürger von der Gewissheit getragen werden, dass das Leben für sie und ihre Kinder besser wird und die Soziale Marktwirtschaft auch in Zukunft den Zusammenhalt unserer Gesellschaft gewährleistet.

DIE EUROPÄISCHE PERSPEKTIVE

Die Migration von Hunderttausenden Männern, Frauen und Kindern, die seit Sommer 2015 nach Deutschland gekommen sind, lässt sich nicht losgelöst von der politischen, geographischen und wirtschaftlichen Lage unseres Landes in Europa erklären. Die Flüchtlinge nannten »Germany« als Ziel, als sie über Südeuropa und den Balkan gen Norden strebten. Und viele Staaten der Europäischen Union verwiesen schulterzuckend auf eben jenen Wunsch und betonten, dass sie eigentlich nichts zu tun hätten mit den Flüchtlingen, sondern lediglich Transitländer seien auf deren Reise nach Deutschland. Die Schutzsuchenden hatten lange Wege hinter sich gebracht und strebten aus Syrien, dem Irak, Eritrea oder Afghanistan Richtung Deutschland.

Vielleicht haben sich die Mitgliedstaaten der Europäischen Union auch und gerade aufgrund der Fokussierung der Flüchtlinge auf wenige Staaten so schwer getan, eine gemeinsam abgestimmte Reaktion für den Umgang mit der wachsenden Zahl an Schutzsuchenden zu entwickeln, die unterwegs waren nach Mitteleuropa. Die Angelegenheit schien viele nicht recht anzugehen. Eben weil nicht Europa als Ganzes, sondern einzelne Länder wie Schweden, Österreich oder Deutschland von den Flüchtlingen als Ziel genannt wurden. Es ist müßig zu fragen, ob die Betroffenen auch andere Ziele angegeben hätten, wenn beispielsweise Frankreich, Großbritannien oder die Niederlande großzügigere Regelungen für die Aufnahme von Schutzsuchenden gehabt hätten.

Unübersehbar aber ist unser Land im Herzen Europas für diese Migrantinnen und Migranten zum Land ihrer Hoffnungen geworden. Ungeachtet aller Aufgaben und Belastungen, die diese Tatsache mit sich bringt, verbindet sich mit dieser Entwicklung eine gute Botschaft: Deutschland ist in der Welt ein beliebtes Land.

Das war nicht immer so. Als der britische Kriegspremier Winston Churchill kurz nach Ende des Zweiten Weltkriegs dem »vereinten Europa« in seiner berühmten Rede an der Universität Zürich im Herbst 1946 »Glück, Wohlstand und Herrlichkeit in unbegrenztem Ausmaße« prophezeite, war der Gedanke einer gemeinsamen Kooperation der wichtigsten Staaten des Kontinents unter Einschluss Deutschlands nach Jahrhunderten der Fehden und Erbfeindschaften ein kühner und visionärer Gedanke, die Zahl der Skeptiker war groß.

Langsam und vorsichtig begann dieser Prozess der europäischen Einigung. Die sechs Staaten, die in den Römischen Verträgen einen ersten gemeinsamen Markt vereinbarten, reizten die dafür selbst gesetzte Frist von zwölf Jahren buchstäblich bis auf den letzten Tag aus – und setzen damit ein beredtes Exempel für das weitere Vorgehen in der Europäischen Union: Der Integrationsfortschritt in Europa ist eine Schnecke.

Wie konnte es angesichts der immensen Aufgabe auch anders sein, sollte dieses moderne Europa, das in den Verträgen von Maastricht und Lissabon seine Weiterentwicklung fand, doch ein für alle Mal die Jahrhunderte von Feindschaft und Krieg hinter sich lassen und für Stabilität, Frieden und Wohlstand auf dem Kontinent sorgen. Ein Europa, das nach dem jahrhundertealten Ringen um Dominanz und Balance zwischen den Mächten sich in der Europäischen Union als Friedensprojekt zusammenfinden sollte, ließ sich nur vorsichtig und schrittweise entwickeln und musste Rücksicht nehmen auf nationale Befindlichkeiten und Vorbehalte. Von Zeit zu Zeit musste man auch Rückschritte hinnehmen. Historisch betrachtet ist die EU in ihrer Ausdehnung eher rasch gewachsen. Insbesondere nach dem Fall der Mauer und dem Ende des Kalten Kriegs hat sich das Brüsseler Bündnis in mehreren Erweiterungsrunden zu einer Union von derzeit 28 Mitgliedsländern mit 500 Millionen Bürgerinnen und Bürgern ausgedehnt, die zentrale politische Fragen nach wie vor im Konsens entscheiden möchte.

Was die Akzeptanz der EU bei vielen ihrer Mitgliedstaaten erhöhen sollte, ist mittlerweile allerdings auch zu einer Achillesferse des Bündnisses geworden. Deutlich zeigte sich das bei der Bewältigung der Folgen der Finanzkrise, die durch die Pleite der US-amerikanischen Investmentbank Lehman Brothers 2008 ausgelöst worden war. In den Auseinandersetzungen um die Zukunft des Euro und die ausufernde Staatsverschuldung einzelner Mitgliedstaaten brachen die gegensätzlichen Auffassungen innerhalb der Union dann mit noch größerer Wucht auf. Während die Staaten Südeuropas stärker auf höhere Investitionen setzen wollten, beharrten die nordeuropäischen Staaten auf Haushaltsdisziplin und der Eindämmung der Defizite.

Eine wirkliche Verständigung über diese gegensätzlichen Positionen hat es in den vorhandenen Institutionen der Europäischen Union nie gegeben. Im Gegenteil, die Konflikte lähmten zunehmend die zentralen EU-Institutionen, die Politik verlagerte sich zurück in den Europäischen Rat der Regierungschefs. Nur dort waren die nötigen Kompromisse zwischen den Interessen überhaupt möglich, weil Kommission und Parlament bis zu diesem Zeitpunkt weder über ausreichenden Rückhalt in der europäischen Bevölkerung noch über ausreichende rechtliche Möglichkeiten verfügten. Dieser von Jürgen Habermas eindringlich kritisierte neue »Intergouvernementalismus« Europas führt dazu, dass nationalstaatliche Egoismen in Brüssel heute wieder immer häufiger eine Bühne erhalten.

Parallel dazu hat sich in mehreren Mitgliedstaaten eine gewisse Europaskepsis oder Europamüdigkeit breitgemacht, die sich im wachsenden Wahlerfolg von rechtspopulistischen, teils offen nationalistischen Parteien manifestiert. In Skandinavien, in Österreich, in den Niederlanden, in Frankreich, in Polen. Auch das Brexit-Votum in Großbritannien spiegelt eindrucksvoll die wachsende Distanz in den Bevölkerungen gegenüber der europäischen Integration.

Inzwischen sind solche europaskeptischen, nationalistischen Töne auch in Deutschland en vogue – sowohl ganz links im politischen Spektrum wie ganz rechts außen. Im Herbst 2016 gaben zwei Politikerinnen der *Frankfurter Allgemeinen Sonntagszeitung* ein bezeichnendes Doppelinterview, in dem sie viele Gemeinsamkeiten zeigten und in schönster Eintracht über die Europäische Union herzogen.

Sahra Wagenknecht, Bundestagsfraktionsvorsitzende der

Partei Die Linke, verlangte in dem Gespräch, Kompetenzen aus Brüssel auf die einzelnen Mitgliedstaaten zurückzuverlegen, und verbrämte dies als Ruf nach mehr Demokratie. »Die Demokratie funktioniert aber nur unter bestimmten Bedingungen. Es muss eine gemeinsame Öffentlichkeit geben und Parteien mit einer bestimmten Ausrichtung. All das fehlt auf EU-Ebene. Es ist kein Zufall, dass sich an der Wahl des EU-Parlaments kaum ein Drittel der Bürger beteiligt«, behauptete sie. Tatsächlich beteiligten sich an den Europawahlen 2014 knapp 50 Prozent der Bundesbürger. »Die EU-Kommission steht außerhalb jeder demokratischen Kontrolle«, so Wagenknecht weiter. Eine Rückverlagerung von Kompetenzen auf die Staaten sei deshalb »eine Frage der Demokratie – nicht Ausdruck eines muffigen Nationalismus, der ein biologistisch definiertes Volk gegen andere Kulturen abschotten will«.

»Diese Kritik an der EU und das Bekenntnis zum Nationalstaat teilen wir«, sekundierte Frauke Petry, Bundesvorsitzende der Alternative für Deutschland (AfD). »Demokratie und Transparenz funktionieren in kleinen Verbünden besser als in großen, weil nur dann der Bürger weiß, warum welche Entscheidung getroffen wird, weil es in seiner Lebenswelt passiert.« Außerdem hätte die EU die Prinzipien von Freiheit und Wettbewerb und Solidarität eingetauscht für die Harmonisierung und zerstöre damit die Vielfalt Europas.

Angesichts solcher Aussagen finde ich es wichtig, sich ein paar Dinge ins Bewusstsein zu rufen, die wir im 21. Jahrhundert vielleicht als zu selbstverständlich hinnehmen: Deutschland hat eine herausragende Verantwortung für Europa. Unsere Nachbarländer haben sich lange Zeit vor der

Kraft eines vereinten Deutschlands gefürchtet und konnten ihre Befürchtungen nach der Gründung des starken deutschen Nationalstaates 1871 in zwei fürchterlichen, von Deutschland ausgehenden Weltkriegen bestätigt sehen. Nach dem Ende des Zweiten Weltkriegs wurde Deutschland wieder geteilt – und genauso wie Europa durch einen Eisernen Vorhang in Ost und West getrennt.

Der westliche Teil fand als gleichberechtigtes Mitglied Aufnahme in den Nordatlantikpakt und die Europäische Gemeinschaft und erlebte einen beeindruckenden wirtschaftlichen Aufschwung, während er machtpolitisch eng eingebunden war in den Prozess der europäischen Einigung. Die Demokratiebewegungen Ende der achtziger Jahre in Mittel- und Osteuropa brachten die Nachkriegsordnung zum Einsturz. In der Folge konnte sich Deutschland wiedervereinigen – mit dem Einverständnis und der Unterstützung seiner Nachbarn, die das Land tief eingebettet wussten in die EU. Ohne die Europäische Union wäre die deutsche Wiedervereinigung nicht denkbar gewesen. Das dürfen wir nicht vergessen.

Aufgrund seiner Größe, seiner Wirtschaftskraft und seiner geographischen Lage im Herzen Europas betreffen die politischen Entscheidungen Deutschlands immer auch seine Nachbarn. Unser Land kann und darf also nicht so tun, als hätte es mit den Schwierigkeiten, die sich anderen EU-Ländern stellen, nichts zu tun. Die Volkswirtschaften der Europäischen Union sind eng miteinander verwoben, und was in der größten europäischen Volkswirtschaft passiert, deren Bruttoinlandsprodukt mehr als drei Billionen Euro ausmacht, hat unmittelbare Folgen für die wirtschaftliche Lage in den anderen EU-Staaten. Deshalb brauchen wir auch eine gemeinsame Strategie innerhalb der EU – und keineswegs nur in Wirtschafts- und Finanzfragen.

Die wachsende Skepsis gegenüber Brüssel rührt auch daher, dass die Union zu selten in der Lage ist, eine solche gemeinsame und kohärente Strategie zu entwickeln. Manche Kritik an der Europäischen Union ist also völlig berechtigt. Die EU reagiert oft zu spät und nicht wirksam genug auf Entwicklungen. Die Flüchtlingssituation im Sommer 2015 mag da vielleicht als eindrücklichster Beleg gelten, aber auch die Reaktionen auf die Finanz- und Wirtschaftskrise der Nullerjahre könnte man anführen. Daraus aber populistische antieuropäische Schlussfolgerungen zu ziehen ist dramatisch falsch.

Die Antwort auf die Kritik sehe ich allerdings auch nicht in einem pauschalen Ruf nach noch »mehr Europa«. Vielmehr muss sich Europa auf die Politikfelder fokussieren, auf denen gemeinsames Handeln dringend erforderlich ist: die Außen- und Sicherheitspolitik, die Flüchtlings- und Migrationspolitik, eine Harmonisierung zentraler Unternehmenssteuern, die Bekämpfung von Steueroasen und Steuerdumping, eine bessere Verknüpfung der Sozialsysteme, den Arbeitsmarkt und die gemeinsame Währung. Auf diesen Feldern – und nicht auf allen – brauchen wir eine Vertiefung der Zusammenarbeit im Wissen darum, dass wir staatliche und gesellschaftliche Gestaltungsräume nur werden sichern können, wenn wir uns dazu der Instrumente Europas bedienen.

Die Politikwissenschaft unterscheidet zwischen internationalen und supranationalen Institutionen. Während in den internationalen Gremien das Miteinander der Staaten organisiert wird (oder auch das Gegeneinander), überwölben supranationale Einrichtungen diese zwischenstaatliche Arbeit und schaffen gemeinsame rechtliche Regeln. Sie sind aus sich selbst heraus handlungsfähig und sollen das gemeinsame Interesse stärker im Blick behalten. Wenn wir in den künftig relevanten Feldern handlungsfähig sein wollen in Europa, dann werden wir nicht umhinkommen, innerhalb der europäischen Verfassung auf den relevanten Feldern das supranationale Element zu stärken. Gelingen wird das aber nur, wenn wir zugleich die demokratische Legitimation und Kontrolle dieser Bereiche erhöhen. Demokratisch legitimierte und spezifisch europäische Kompetenz, wo sie nötig ist, ist der Weg, den um sich greifenden Skeptizismus zu entkräften.

Immer wenn es um institutionelle Handlungsfähigkeit geht, kommt man mit der Auslegung von Verträgen und dem Konzept des Binnenmarktes nicht mehr weiter, sondern nur mit handlungsfähigen Institutionen. Schon der berühmte deutsche Philosoph aus Königsberg, Immanuel Kant, wusste, dass eine die Grenzen des Staates überschreitende Bürgergesellschaft funktionierende Institutionen braucht.

Viel zu oft betrachtet Brüssel aktuelle Herausforderungen in der Welt rein aus der Logik einer Freihandelszone, als die die EU einst gegründet worden ist. Die Schaffung des gemeinsamen Binnenmarktes ist aber weitestgehend abgeschlossen, auch wenn unter anderen noch ein einheitlicher Energiemarkt, die Neustrukturierung des Luftraums (Single European Sky) und gemeinsame Regelungen zum Urheberrecht auf der Tagesordnung stehen. Die To-do-Liste der europäischen Binnenmarktstrategie, die zu Beginn der Europäischen Wirtschaftsgemeinschaft und Europäischen Gemeinschaft noch dominant war, ist überschaubar geworden.

Nun besteht sogar die Gefahr, dass sich die europäischen

Institutionen selbstständig neue Aufgaben »suchen«, die gar nicht in ihre Kompetenzen fallen. So sollte der gemeinsame Markt nicht als Vorwand herhalten, um die kalifornische Ideologie des *anything goes* in Europa durchzusetzen. Technischer Fortschritt ist, selbst wenn er aus dem Silicon Valley stammt, kein Grund dafür, bestehende Regeln und Standards außer Kraft zu setzen, die dem Schutz von Erwerbstätigen und Verbrauchern dienen. Wenn das Unternehmen Uber beispielsweise eine App entwickelt, die die Vermittlung von Mitfahrgelegenheiten ermöglicht, muss das nicht heißen, dass unsere Regeln zur Personenbeförderung durch Taxis hinsichtlich der Qualität der Fahrzeuge, der Kompetenz der Fahrerinnen und Fahrer sowie die Beförderungspreise plötzlich nicht mehr gelten. Viele EU-Staaten haben, wie Deutschland, dieses Geschäft von Uber inzwischen verboten. Wenn die EU-Kommission jetzt ernsthaft erwägt, dies zu ändern, verheddert sie sich und gefährdet den Glauben der Bürgerinnen und Bürger daran, dass es möglich ist, die Kontrolle zu behalten, und dass europäische Standards in der globalisierten Welt weiterhin bei uns gelten werden.

Fatal wäre es, aus der aktuellen Lage die Konsequenz zu ziehen, sich gar nicht mehr um eine gemeinsame Haltung zu bemühen – und stattdessen den europäischen Einigungsprozess rückgängig zu machen und sein Heil in eigenen, nationalen Antworten zu suchen, wie es Wagenknecht und Petry in ihrem Interview vorschlagen. Fatal nicht nur, weil dies die meisten EU-Länder schlicht überfordern würde. Nein: Die Europäische Union ist mehr als ein politischer oder wirtschaftlicher Zusammenschluss, sie ist das zentrale Friedensprojekt des Kontinents. Scheitert die Europäische Union, wäre der Frieden in Europa bedroht. Das mag alarmistisch klingen, weil wir uns in den vergangenen 70 Jahren so wunderbar an diesen europäischen Frieden gewöhnt haben und ihn als selbstverständlich hinnehmen. Er ist es aber nicht. Der Frieden setzt vieles voraus, und die Europäische Union ist *die* zentrale Voraussetzung. Ohne die Europäische Union bestünde die Gefahr, dass der Kontinent zurückfiele in die Konstellation des 19. Jahrhunderts, als das »Konzert der Mächte« aus Russland, Preußen, Österreich-Ungarn, Frankreich und dem Vereinigten Königreich die Politik dominierte. Fünf Mächte, die mit immer neuen Bündnissen versuchten, sich gegenseitig in Schach zu halten. Das ging bekanntlich nicht gut aus, genauso wenig wie die Bündnispolitik Otto von Bismarcks. Nichts spricht dafür, dass eine Neuauflage der seinerzeitigen Bündnispolitik heute erfolgversprechender wäre. Einen ersten Vorgeschmack darauf, was ein solcher Rückfall bedeuten könnte, hat Russland mit der völkerrechtswidrigen Annexion der Krim unlängst geliefert. Das sollte allen eine Lehre sein, die die EU leichtfertig kritisieren und für überholt halten. Die internationalen Beziehungen müssen durch die Stärke des Rechtes und nicht durch das Recht des Stärkeren bestimmt werden. Die Europäische Union ist ein Garant dafür, dass das (Völker-)Recht das Handeln der Staaten bestimmt.

Die Herausforderungen, vor denen Europa steht, werden in den nächsten Jahren weiter wachsen. Mit Großbritannien wird ein wichtiges, auch politisch einflussreiches Land der EU den Rücken kehren, was sich selbstverständlich auf die Arbeit in den Institutionen und die Machtbalance innerhalb der Union auswirken wird. Unter den verbleibenden 27 Staaten der Europäischen Union wird Deutschland dann noch stärker ins Gewicht fallen. Und daran ändert sich auch nichts, wenn die restlichen Staaten des ehemaligen Jugoslawien ihre Mitgliedschaftsperspektive nutzen und dazustoßen.

Unklar ist, wie sich die neue US-Regierung in Washington gegenüber Europa verhalten wird. Erste Ankündigungen des amerikanischen Präsidenten Donald Trump lassen zumindest erwarten, dass die Vereinigten Staaten ihr politisches wie militärisches Engagement auf dem europäischen Kontinent verringern und strikt an kurzfristigen Kosten-Nutzen-Erwägungen orientieren könnten.

Viel Unklarheit herrscht auch mit Blick auf das weitere Verhalten der Russischen Föderation unter Wladimir Putin, der die europäische Integration als Tatsache nicht akzeptieren mag, Sorge vor der ansteckenden Wirkung liberaler Demokratien und offener Gesellschaften zu haben scheint und sein Militär zuletzt insbesondere in Nordeuropa und dem Baltikum für Irritationen sorgen ließ. Zugleich bleibt die Situation in der Ostukraine instabil.

All diese außenpolitischen Unwägbarkeiten zeigen, wie wichtig und hilfreich es für die Staaten der Europäischen Union wäre, gemeinsam zu handeln. Die neuen Entwicklungen könnten der EU sogar als Katalysator dienen für die nötigen Reformschritte. Der absehbare Austritt der Briten aus der EU muss dem nicht entgegenstehen. Schließlich hatte Churchill 1946 zwar ein Zusammengehen Europas im Sinn, aber ohne die Briten. In einer Welt, die bald zehn Milliarden Menschen zählen wird und in der China und Indien als neue politische und wirtschaftliche Weltmächte hinzukommen werden, können die Staaten der Europäischen Union ihre Position nur gemeinsam behaupten.

Die Lage innerhalb der EU ist im Augenblick einigermaßen paradox. Nicht so sehr die Sorge vor der übergroßen Macht der Europäischen Union lässt die Bürgerinnen und Bürger am europäischen Projekt zweifeln, sondern die institutionelle Ohnmacht der EU, Probleme schnell und effektiv zu lösen. Eine solche Ohnmacht haben die Europäer verspürt, als es jüngst um die effektive Sicherung der europäischen Außengrenzen, den Umgang mit der Fluchtmigration und der Arbeitsmigration gegangen ist. Deshalb brauchen wir eine Europäische Union, die handlungsfähiger wird, als sie bislang ist. Auch um ihre Kritiker zu widerlegen, die angesichts der vermeintlichen Machtlosigkeit Brüssels behaupten, der Nationalstaat sei das einzige und beste Mittel gegen die wahrgenommene Hilflosigkeit.

Das ist kein banaler Gedanke: Meines Erachtens ist es die Angst vor dem Kontrollverlust, die einigen die Argumente der Nationalisten im Augenblick plausibel erscheinen lassen. »Let's take back control«, war der Slogan der Brexit-Kampagne für einen Austritt des Vereinigten Königreichs aus der EU. Damit hat die Bewegung ein verbreitetes Gefühl aufgegriffen, dass die Bürgerinnen und Bürger die Kontrolle über ihre politischen Entscheidungen eingebüßt hätten – angeblich an den gesichtslosen Machtapparat in Brüssel. Ein ganz ähnliches Sentiment hat der neue US-Präsident Donald Trump bedient, seine Losung »Make America great again« wandte sich gegen den Kontrollverlust, den viele US-Bürgerinnen und Bürger offenbar durch die Globalisierung und in zweiter Linie durch das politische Establishment in Washington zu verspüren glaubten.

Der Ökonom Dani Rodrik beschreibt das politische Trilemma der globalen Ökonomie: Freier Welthandel und die unbegrenzte Mobilität von Kapital und Arbeit seien mit unseren Vorstellungen von demokratischer Willensbildung nicht einfach zu vereinbaren. Die schnell gewachsene Opposition großer Teile der europäischen Öffentlichkeit gegen die Freihandelsabkommen mit den USA und Kanada zeigt deren Sorge um die Demokratie angesichts der Globalisierung. Der Eindruck, die Kontrolle zu verlieren, ist ein reales demokratisches Problem. Der deutsch-britische Soziologe Ralf Dahrendorf, der nicht nur die London School of Economics leitete, sondern auch deutscher Bundestagsabgeordneter, Staatsminister im Auswärtigen Amt und EU-Kommissar war, verwies bereits in den neunziger Jahren darauf, dass die Globalisierung zu einer Herausforderung für die Demokratie werden wird: »Die Räume des Wirtschaftens werden größer; sie überschreiten die nationalen Grenzen; damit werden auch die Räume relevanter politischer Regelungen weiter.« Die Globalisierung vollziehe sich in Räumen, für die noch keine Strukturen der Kontrolle und Rechenschaft erfunden seien, geschweige denn solche, die den einzelnen Bürger ermächtigten. »Globalisierung entzieht dem einzigen Domizil der repräsentativen Demokratie, das bisher funktioniert hat, dem Nationalstaat, die ökonomische Grundlage. Globalisierung beeinträchtigt den Zusammenhalt von Bürgergesellschaften, auf denen der demokratische Diskurs gedeiht«, warnte er 1997 in seinem Essay *Anmerkungen zur Globalisierung.*

Die einzige greifbare Chance, doch demokratisch auf die Globalisierung Einfluss nehmen zu können, die wir in Europa haben, ist die Europäische Union. Damit dies möglich wird, muss die Zustimmung zur europäischen Integration und zur EU in allen Mitgliedstaaten wieder steigen. Und dafür gibt es nur einen Weg: mehr demokratische Willensbildung. Die Entscheidungen der Europäischen Union müssen besser demokratisch legitimiert werden. Das geht nicht ohne das Europäische Parlament und vor allem nicht ohne die Möglichkeit, dort, wo Handlungsfähigkeit gefragt ist, Mehrheitsentscheidungen treffen zu können. Nur bei einer in einem allseits als demokratisch empfundenen Prozess getroffenen Entscheidung besteht die Aussicht, dass auch diejenigen sie akzeptieren, die in der Minderheit geblieben sind. Und wenn alle, Mehrheit und Minderheit, sich einig sind, dass eine Entscheidung erforderlich ist, um gemeinsam voranzukommen. Eine handlungsfähige demokratische Union wird damit das wichtigste nationale Anliegen Deutschlands.

Die Rückverlagerung politischer Kompetenzen auf den Nationalstaat löst keine Probleme, sondern schafft nur neue. Ein einzelnes Land, selbst wenn es 80 Millionen Bürgerinnen und Bürger zählt, kann kaum eine relevant gestaltende Größe sein. Im Hinblick auf technologische, wirtschaftliche und demographische Entwicklungen ist es schlicht zu klein, um die Spielregeln im Großen mitbestimmen oder Rahmenbedingungen setzen zu können. Eine einige Europäische Union mit 500 Millionen Bürgerinnen und Bürgern ist dazu allerdings sehr wohl in der Lage.

Wer diese Potenziale der EU nutzen will, der darf sich aber nicht nur auf die technokratische Verlagerung von Kompetenzen auf eine andere Ebene der Politik nach Brüssel beschränken, sondern muss zugleich dafür sorgen, dass das verbindende Element der gemeinsamen Betroffenheit von diesen Entwicklungen in allen EU-Mitgliedstaaten auch ein gemeinsames demokratisches Bewusstsein prägt.

Diese Gemeinsamkeiten sind in Europa auch zu früheren Zeiten schon entstanden. Der Begriff »Nation« zum Beispiel wurde im Kontext eines kulturell vielfältigen und staatlich unübersichtlich zersplitterten Kontinents im ausgehenden Mittelalter ins Deutsche übernommen. »Nationen« nannte man zunächst Studierende, die eine gemeinsame Sprache hatten und aus dieser Gemeinsamkeit Gemeinschaft wachsen ließen. Wir brauchen ähnliche Prozesse heute. Nicht mehr sprachbezogen und auch nicht aus jenem Romantizismus heraus, der die Frühphasen europäischer Jugendaustauschprogramme prägte. All das bleibt wichtig. Aber hinzukommen muss das Bewusstsein, dass es im Interesse jeder Bürgerin, jedes Bürgers und jedes europäischen Staates liegt, gemeinsam zu handeln. Gelingt das nicht, mag der Einzelne zwar mitunter recht haben, bekommen aber wird er es in der globalisierten Welt nicht mehr.

Viele Herausforderungen, vor denen die Staaten Europas heute stehen, seien es Finanzkrisen oder Migrationsbewegungen, sind längst keine nationalstaatlich zu bewältigenden Fragen mehr, sondern fordern Europa als Ganzes heraus. Deshalb müssen die Institutionen, die diese europäische Perspektive bearbeiten, demokratisch legitimiert und aus sich heraus handlungsfähig werden. Diese Aufgabe richtet sich an die Staaten Europas, die gemeinsam den dafür geeigneten Rahmen schaffen müssen. Erst wenn das gelingt, wird sich das unwürdige Spiel des Jahres 2015, als die europäischen Regierungen sich nicht einmal auf eine effektive Verteilung der Flüchtlinge einigen konnten, nicht mehr wiederholen.

FREIZÜGIGKEIT IN EUROPA

Wenn heute in Talkshows, Zeitungen, in den sozialen Medien oder im privaten Kreis über die Zuwanderung von Hunderttausenden Flüchtlingen und Arbeitskräften diskutiert wird, dann bezieht sich das Gespräch nahezu ausschließlich auf Leute, die von außerhalb der Europäischen Union nach Deutschland kommen. Angesichts der Ereignisse des Jahres 2015 ist diese Tatsache zwar nachvollziehbar, sie blendet aber einen wesentlichen Teil unserer deutschen Wirklichkeit aus.

Unser Land ist aufgrund seiner wirtschaftlichen Stärke und seines vitalen Arbeitsmarktes nämlich schon lange auch für viele Bürgerinnen und Bürger aus den Mitgliedstaaten der Europäischen Union zu ihrem *Hoffnungsland* geworden. Insbesondere aus den krisengebeutelten Ländern Ost-, Südost- und Südeuropas kommen Männer und Frauen auf der Suche nach Arbeit, nach einer Perspektive und einem besseren Leben zu uns. Für diese Gruppe gelten ganz andere, viel einfachere Bedingungen für die Zuwanderung als für jene Migrantinnen und Migranten, die als Nicht-EU-Bürger nach Deutschland kommen wollen. Im Jahr 2015 kamen nach offizieller Zählung des Bundesamts für Migration und Flüchtlinge mehr als 900 000 Zuwanderer aus der EU.

Sie alle nutzen eine der vier Grundfreiheiten der Europäischen Union: die Freizügigkeit. Die Freizügigkeit von heute 500 Millionen EU-Bürgern ist eine der maßgeblichen Errungenschaften des europäischen Einigungsprozesses.

In Artikel 45 des Vertrags über die Arbeitsweise der Europäischen Union heißt es dazu in aller wünschenswerten Klarheit: »Innerhalb der Union ist die Freizügigkeit der Arbeitnehmer gewährleistet. Sie umfasst die Abschaffung jeder auf der Staatsangehörigkeit beruhenden unterschiedlichen Behandlung der Arbeitnehmer der Mitgliedstaaten in Bezug auf Beschäftigung, Entlohnung und sonstige Arbeitsbedingungen.«

Daraus erwachsen für Arbeitnehmerinnen und Arbeitnehmer aus den EU-Mitgliedstaaten gleich mehrere Rechte: »a) sich um tatsächlich angebotene Stellen zu bewerben; b) sich zu diesem Zweck im Hoheitsgebiet der Mitgliedstaaten frei zu bewegen; c) sich in einem Mitgliedstaat aufzuhalten, um dort nach den für die Arbeitnehmer dieses Staates geltenden Rechts- und Verwaltungsvorschriften eine Beschäftigung auszuüben; d) nach Beendigung einer Beschäftigung im Hoheitsgebiet eines Mitgliedstaats unter Bedingungen zu verbleiben, welche die Kommission durch Verordnungen festlegt«.

Mit dem gemeinsamen europäischen Binnenmarkt ist auf Basis dieser Grundfreiheit das problemlose Überschreiten der Grenzen innerhalb der Union zu einem offiziellen europäischen Wert geworden. Freizügigkeit ist, wenn man so will, das Recht der EU-Bürgerinnen und -Bürger auf Migration innerhalb der Gemeinschaft. Von ihr profitieren nicht nur Studierende, die aus Warschau, Barcelona oder Sofia stammen und in Paris, Bonn oder Lissabon studieren wollen, oder die Unternehmerinnen und Unternehmer, die ihre Geschäfte von Dresden nach Bukarest verlegen möchten. Es profitieren auch mehr als 200 Millionen Arbeitnehmerinnen und Arbeitnehmer, die nicht mehr darauf angewiesen sind, ausschließlich in ihrem Heimatland nach Lohn und Brot zu suchen – sondern europaweit. Freizügigkeit bedeutet also für jede EU-Bürgerin und jeden EU-Bürger die Möglichkeit, sich den Arbeitsort und – damit verbunden – den Wohnort innerhalb der EU selbst wählen zu können. Dieses Recht erfreut sich großer Beliebtheit, und die Bundesrepublik gehört zu den Ländern, die dabei besonders gefragt sind.

Mit der Freizügigkeit hat die Europäische Union einen neuen Typus des Zuwanderers geschaffen, der sich einfach, unbürokratisch und unmittelbar in einem EU-Land seiner Wahl niederlassen kann – sei es, um einen längeren Urlaub zu machen, eine Ausbildung anzutreten, um Geld zu verdienen oder Land und Leute kennenzulernen. Mehr noch, die EU-Bürgerinnen und -Bürger können problemlos ihre Familie nachholen. Damit unterscheidet sich ein Umzug einer Familie von Osnabrück nach Bremen kaum noch von einem Umzug von Osnabrück nach Lissabon.

Der Wegfall der Grenzkontrollen und die Freizügigkeit innerhalb der EU haben, wie die gemeinsame Währung, die Entfaltungsmöglichkeiten unzähliger Europäerinnen und Europäer sowie fast aller europäischer Unternehmen deutlich verbessert. Daran sei in der aktuellen Debatte einmal erinnert: Offene Binnengrenzen verbessern unser Leben. Die Freizügigkeit hat aber nicht nur einen politisch-ideellen

Wert, sondern auch einen wirtschaftlichen. Sie ist eine unverzichtbare Voraussetzung für den Euro, der mittlerweile in der Mehrheit der Mitgliedstaaten gilt: Wer den Euro will, braucht mobile Arbeitskräfte.

Mit der Einführung der gemeinsamen Währung und der Schaffung der Europäischen Zentralbank, die die Kompetenzen der nationalen Zentralbanken übernahm, ist in Europa ein einheitlicher Währungsraum entstanden. Fast alle Ökonomen sind sich einig, dass eine gemeinsame Währung die Freizügigkeit der Arbeitnehmerinnen und Arbeitnehmer voraussetzt. Der kanadische Nobelpreisträger Robert Mundell vertritt in seiner Theorie optimaler Währungsräume die These, dass eine Währungsunion überhaupt nur gelingen kann, wenn sich Volkswirtschaften zusammenschließen, deren Arbeitskräfte hochmobil sind. Da diesen Währungsräumen nicht mehr die Möglichkeit gegeben ist, auf Finanzkrisen mit der Auf- oder Abwertung der eigenen Währung zu reagieren, müssen sie externe »Schocks« ausgleichen, indem Kapital und Arbeitskräfte beweglich sind und in Regionen des Währungsraumes ausweichen können, die weniger stark von der Krise betroffen sind.

Die Freizügigkeit der Arbeitskräfte ist in Europa mittlerweile gelebte Realität, die Integration des Binnenmarktes hat sich aufgrund der jüngsten Beschäftigungskrise in vielen, vor allem südeuropäischen Ländern beschleunigt und die Mobilität gemäß Mundells Theorie erhöht. Insbesondere gilt das für junge Leute aus Ländern, die auf absehbare Zeit nur unsichere Berufsperspektiven bieten. Für einen weiteren Schub hat zusätzlich die Beseitigung der letzten Hürden für die uneingeschränkte Freizügigkeit der Arbeitnehmerinnen und Arbeitnehmer Bulgariens und Rumäniens gesorgt, weil die wirtschaftliche Entwicklung in diesen Ländern weiterhin stagniert. Seit Sommer 2015 können auch Kroatiens Arbeitnehmer die Freizügigkeit nutzen. Für Deutschland dürften daraus vor allem neue Wachstumsdynamiken entstehen. Bisher funktioniert die Freizügigkeit in Europa ohne große Verwerfungen. Das bedeutet aber natürlich nicht, dass es keine Schwierigkeiten gäbe. In einigen Regionen, insbesondere in den Städten, wird vermehrt davon berichtet, dass die Regeln der Freizügigkeit missbraucht werden, um Sozialleistungen zu ergattern. Das hat natürlich etwas mit dem wirtschaftlichen Gefälle innerhalb der EU zu tun und mit einer europäischen Besonderheit, mit der sich beispielsweise die Vereinigten Staaten von Amerika nicht herumschlagen müssen.

In den USA genießen die 300 Millionen Einwohnerinnen und Einwohner natürlich ebenfalls die Vorteile einer gemeinsamen Währung und die volle Freizügigkeit. Und es bestehen auch dort erhebliche Unterschiede in den Lebensverhältnissen zwischen Massachusetts und Mississippi, zwischen Maine und Michigan, die nicht viel geringer sind als in Europa, z. B. zwischen Schweden und Rumänien oder Spanien und den Niederlanden. Gleichwohl funktioniert die Arbeitsmigration innerhalb der USA viel reibungsloser als in Europa. Wer in Detroit keine Zukunft mehr für sich sieht, versucht sein Glück eben in San Diego – ohne dass dies den Staat Kalifornien über die Maßen belastet. Der entscheidende Unterschied zu Europa – abgesehen von möglichen Sprachbarrieren? Der Sozialstaat, der in den USA nach wie vor relativ schwach ausgeprägt ist, entstand dort nahezu ausschließlich auf Initiative der Zentralregierung in Washington, nicht in den einzelnen Bundesstaaten, was zu einer größeren Harmonisierung der Sozialhilfesätze geführt hat. Für einen Arbeitssuchenden macht es im Hinblick auf die öffentliche Unterstützung also keinen allzu großen Unterschied, ob er in Kalifornien oder Iowa wegen eines Jobs unterwegs ist.

Die sozialstaatlichen Traditionen der europäischen Länder sind älter, tiefer verwurzelt, aber auch sehr unterschiedlich ausgeprägt. Die Herausbildung sozialstaatlicher Strukturen ist an die einzelnen Nationalstaaten gebunden.

Am anschaulichsten wird das bei dem schwedischen Konzept des Volksheims, das die dortigen Sozialdemokraten aufgegriffen und zu einem allseits anerkannten Staatsziel entwickelt haben und das weltweit als vorbildlich gilt. Es folgt einem klaren Prinzip: Wer innerhalb der Grenzen lebt, kann mit der Solidarität der Einheimischen rechnen. Und eben auch: Wer außerhalb dieser Grenzen lebt, nicht im gleichen Maße. An der Geltung des Prinzips für das Sozialstaatsmodell ändern auch die großzügige Entwicklungshilfe und die Bereitschaft der Schweden, Flüchtlinge aufzunehmen, nichts.

Nimmt man die Logik des europäischen Binnenmarktes ernst, dann müssten die sozialen Sicherungssysteme eigentlich vereinheitlicht werden, um weitgehend gleichwertige Lebenschancen und damit auch vollständige Freizügigkeit gewährleisten zu können. Und das wird ja auch immer wieder vorgeschlagen. Die EU-Kommission hat beispielsweise unlängst wieder eine vereinheitlichte europäische Arbeitslosenunterstützung ins Gespräch gebracht.

Trotz dieser abstrakt und theoretisch nachvollziehbaren

Forderungen wird eine Vereinheitlichung der Sicherungssysteme bei Arbeitslosigkeit dennoch auf absehbare Zeit
völlig unwahrscheinlich bleiben. Denn die wohlhabenderen
EU-Staaten müssten dann ihr sozialstaatliches Niveau massiv
absenken – auf den EU-Durchschnitt. Die Arbeitnehmerinnen und Arbeitnehmer in Skandinavien, in Deutschland, Österreich, in Frankreich oder den Benelux-Staaten würden eine
solche erhebliche Verschlechterung ihrer Absicherung nicht
akzeptieren. Ein solches Vorhaben wäre politisch schlicht
nicht durchsetzbar. Parallel dazu müssten außerdem die fi-
nanzschwächeren Staaten im Süden und Osten der Union
ihre Sozialleistungssätze deutlich anheben, um auf den europäischen Durchschnitt zu kommen, was angesichts des dortigen Lohnniveaus auch nicht funktionieren kann.

Um dieses Dilemma noch greifbarer zu machen, genügt ein
kurzer Blick auf ein paar Zahlen. Der deutsche Mindestlohn
liegt bei gut 1500 Euro pro Monat für einen Vollzeitbeschäf-
tigten – und damit mindestens doppelt so hoch wie in den
meisten anderen EU-Staaten; in Malta, Spanien, Griechenland und in Portugal liegt der Wert zwischen 550 und etwas
über 700 Euro. Mit Blick auf die ärmeren osteuropäischen
EU-Länder wird die Diskrepanz noch deutlicher. In Bulgarien
beispielsweise liegt der Mindestlohn bei gerade mal 200 Euro,
in Polen bei gut 400 Euro. Das eigentliche Problem entsteht
aber, wenn man ins Kalkül zieht, was wir in Deutschland an
einen alleinstehenden Arbeitslosen, der Arbeitslosengeld II
bezieht, für Lebensunterhalt und Unterkunft netto überweisen: Mit etwa 750 Euro monatlich zuzüglich Krankenver-
sicherung ist das Sicherungsniveau in Deutschland höher als
der Mindestlohn in den meisten anderen Ländern der Euro-

päischen Union. Natürlich sind der Lebensstandard und die Lebenshaltungskosten bei uns auch wesentlich höher als andernorts, dennoch ließe sich ein gewisser finanzieller Vorteil schon erzielen.

Wenn es aber nicht möglich ist, das unterschiedliche Sicherungsniveau innerhalb der Europäischen Union zu harmonisieren, müssen die EU-Staaten einen anderen Mechanismus finden, um dieses Dilemma zu lösen. Für die zunehmend intensiver diskutierte Frage, wie wir mit der Freizügigkeit in ganz Europa umgehen wollen, wird das eine entscheidende Grundlage für eine legitime und akzeptable Antwort sein.

Wenn wir in dieser Situation sensibel verfahren wollen, dann kommen wir nicht umhin, uns noch eingehender mit der konkreten Umsetzung des Grundrechts auf Freizügigkeit zu befassen. Denn natürlich dürfen die elementaren Prinzipien dieser europäischen Grundfreiheit nicht beeinträchtigt werden. Sie sind Voraussetzung eben nicht nur für das Funktionieren der Währungsunion, sondern für die Erfahrbarkeit Europas als gemeinschaftlicher Raum schlechthin. Aber vielleicht müssen wir noch deutlicher herausarbeiten, dass Freizügigkeit bedeutet, den Ort seiner Arbeit frei wählen zu können, dass sie aber nicht das Recht beinhaltet, sich den Ort aussuchen zu können, an dem man Sozialleistungen beziehen möchte. Denn ein sozialstaatliches Europa funktioniert nicht, wenn es für Arbeitssuchende aus einigen EU-Ländern einträglicher wäre, ein Ticket nach Deutschland zu lösen und dort Sozialleistungen zu beziehen, als sich in ihrer Heimat um einen Arbeitsplatz zu bemühen.

Die Freizügigkeit muss so konzipiert werden, dass sie in einem zunehmend dichter vernetzten und tiefer integrierten

Europa praktikabel bleibt und auf Dauer Akzeptanz findet. Gerade hinsichtlich der Binnenmigration und ihrer Bezüge zu wirtschaftlichen und sozialen Unterschieden zwischen den Mitgliedstaaten ist das ein wesentliches Feld, auf dem sich das Gelingen der europäischen Einigung mitentscheidet. Hier sind die Staaten Europas gefragt, gut aufeinander abgestimmte eigenständige Lösungen zu erarbeiten, die die Grundfreiheit nicht beschädigen, aber die Umsetzung handhabbar machen.

Nun sind die Grenzen innerhalb Europas, zumindest innerhalb der Europäischen Union, nahezu verschwunden – und wir wollen alle hoffen, dass das so bleibt. Für Auszubildende, Studierende, Selbstständige sowie Arbeitnehmerinnen und Arbeitnehmer mit einem Arbeitsplatz gibt es keine größeren Schwierigkeiten. Auch wer über ausreichende finanzielle Mittel verfügt, kann eigentlich überall in Europa wohnen. Schwieriger ist die Lage bei jenen EU-Bürgerinnen und EU-Bürgern, deren Aufenthaltsrecht sich allein aus dem Zweck der Arbeitssuche ergibt oder ergab. Hier stellt sich die Frage, ob sie in den Genuss von Leistungen des Gastlandes kommen sollen, obwohl sie (noch) keinen Erfolg bei ihrer Arbeitssuche hatten. Der Europäische Gerichtshof (EuGH) hat in mehreren Entscheidungen erklärt, dass für diese Personen ein Leistungsausschluss rechtlich zulässig ist.

Das europäische Recht, die nationalen Gesetze und die Rechtsprechung der obersten Gerichte müssen davon ausgehen, dass Bürgerinnen und Bürger der Europäischen Union, die der Arbeit wegen in einen anderen EU-Staat einwandern, in ihrem Herkunftsland über ausreichende soziale Sicherheit verfügen. Etwaige Sozialleistungen müssten sie deshalb, jedenfalls solange sie noch keine Arbeit aufgenommen haben, im Land ihrer Herkunft beziehen – und nicht im Gastland. Anders lässt sich die Interoperabilität, also das Zusammenwirken der in Tradition und Wirkweise sehr unterschiedlichen Sozialsysteme in einem Europa der Freizügigkeit, gar nicht gewährleisten. Es wäre weder politisch hinnehmbar noch finanziell leistbar, wenn im heutigen Europa ohne Grenzen bereits mit dem legalen Überschreiten einer nationalen Grenze das dauerhafte Solidaritätsversprechen des neuen Aufenthaltslandes gelten würde.

Deshalb war es überfällig, dass der deutsche Gesetzgeber 2016 seine Haltung zu dieser Frage durch eine präzisierte Gesetzgebung klargestellt hat. Unionsbürger, deren Aufenthaltsrecht sich alleine aus dem Zweck der Arbeitssuche ergibt oder ergab, sind in den ersten fünf Jahren von hiesigen Leistungen ausgeschlossen. Das Gleiche gilt ohnehin für Unionsbürger ohne Aufenthaltsrecht. Daneben wird ein Anspruch auf eine Ausreisehilfe etabliert, den Unionsbürger geltend machen können, um ihre Rückkehr in die Heimat zu finanzieren. Wer das anders beurteilt und gegen solcherlei Beschränkungen ist, braucht im Übrigen einen Zaun. Und zwar einen Zaun rund um Deutschland herum. Denn nur ein solcher Zaun würde gewährleisten, dass niemand in unser Land kommt, der später hier auf Sozialleistungen angewiesen ist.

Diese neue Gesetzgebung ist mit der Rechtsprechung des Bundesverfassungsgerichts aus dem Jahr 2012 ausdrücklich vereinbar. Denn aus diesem höchstrichterlichen Urteil ergibt sich in keiner Weise, dass ein Unionsbürger nicht auf das Solidaritätssystem seines europäischen Heimatlandes verwiesen werden darf. Anders als bei Asylbewerbern, die ja gerade

Schutz vor den Lebensumständen ihres Heimatlandes suchen, ist das in solchen Fällen möglich.

Folgt man dieser Logik, ist man einen großen Schritt weiter: einerseits, was die weitere Akzeptanz der Freizügigkeit der Arbeitskräfte innerhalb der Europäischen Union betrifft; andererseits hinsichtlich der Funktionsfähigkeit des gemeinsamen Arbeitsmarktes und der korrespondierenden sozialstaatlichen Strukturen. Weil die Binnengrenzen ihre ordnende Funktion für das Nebeneinander unterschiedlicher sozialstaatlicher Strukturen eingebüßt haben, wird es immer wieder nötig sein, Zugangsfragen neu zu beantworten, die einst schlicht durch die Grenzen drastisch und praktisch beantwortet wurden. Das veranschaulichen die drei Themen, die aktuell auf der Tagesordnung stehen.

Erstens: EU-Bürgerinnen und EU-Bürgern, die nur in geringem Umfang in Deutschland selbstständig oder als Arbeitnehmer tätig sind, stehen bislang Aufstockungsleistungen nach dem Sozialgesetzbuch zu. Das ist mit Blick auf die Binnenmigration als falscher Anreiz zu bewerten, weil sich der Zuzug auch auf der Grundlage eines Jobs, der nicht den Lebensbedarf deckt, plötzlich lohnen kann – zulasten der hiesigen Sozialsysteme. Deshalb sollten auch Aufstockungsleistungen erst nach einer gewissen Karenzfrist gewährt werden. Erst wer ein Jahr lang aus seiner Arbeit ein Einkommen erzielt hat, das mindestens dem gesetzlichen Mindestlohn bei Vollzeitbeschäftigung entspricht, sollte Zugang zu solchen Leistungen haben. Dies müsste allerdings EU-weit vereinbart werden.

Zweitens: Den Unionsbürgern, die sich zur Arbeitssuche in Deutschland aufhalten, steht das volle hiesige Kindergeld zu – sogar für die Kinder, die in ihrer Heimat verblieben sind.

Diese Summe übersteigt oft den eigentlichen Verdienst der Eltern. Eine offensichtlich kontraproduktive Regelung, deren Auswirkungen in manchen Stadtvierteln des Ruhrgebiets inzwischen jeden Tag zu beobachten sind. Deshalb sollten wir darüber nachdenken, die Höhe des Kindergeldes für solche EU-Bürgerinnen und -Bürger an den Lebenshaltungskosten und Einkommensverhältnissen des jeweiligen Heimatlands zu orientieren. Und natürlich sollte das Kindergeld nur ausgezahlt werden, wenn die hier lebenden Eltern wirklich freizügigkeitsberechtigt sind. Das ist nur der Fall, wenn sie einen Arbeitsplatz in Deutschland gefunden haben oder aussichtsreich nach einer Arbeit suchen.

Drittens: Bei der Entsendung von Arbeitnehmern, beispielsweise als Montagearbeiter, besteht angesichts der unterschiedlichen Lohnniveaus in den verschiedenen Mitgliedstaaten immer die Gefahr des Lohndumpings. Wenn das nicht unterbunden wird, untergräbt das die Zustimmung zur Freizügigkeit bei den Arbeitnehmerinnen und Arbeitnehmern genauso wie bei inländischen Anbietern, die mit solchen Unternehmen im Wettbewerb stehen. Allerdings werden Vorschläge der EU-Kommission, die das unterbinden würden, ausgerechnet in Osteuropa kritisch gesehen. Das schmerzhafte Brexit-Votum sollte aber auch die Regierungen dieser Staaten überzeugen, dass die Kritik an negativen Auswirkungen der Freizügigkeit das ganze System gefährden kann, von dem gerade die Bürgerinnen und Bürger dieser Staaten am meisten profitieren. Der beste Schutz vor Missbrauch ist natürlich der Mindestlohn, der auch an entsandte Arbeitnehmer zu zahlen ist. Es wäre gut, wenn aber auch allgemein verbindliche Tarifverträge in allen Branchen beachtet

werden müssten und auch sonstige nationale Vergütungsbe-
stimmungen Anwendung finden und diese Regeln auch für
Subunternehmer gelten. Bei sehr langfristigen Entsendungen
müssen stets alle Schutzvorschriften des Aufnahmelandes
Anwendung finden.

Diesen drei Themen, die sich aktuell in Zusammenhang
mit der Freizügigkeit stellen, werden weitere Fragestellungen
folgen. Das liegt in der Natur der Sache, damit es aufgrund
der unterschiedlichen sozialen Standards innerhalb der Europäischen Union nicht zu Verwerfungen in einzelnen Staaten kommt. Solchen Fragen sollten wir unaufgeregt begegnen
und pragmatische Antworten geben, statt reflexhaft darauf zu
reagieren. Der Wert der Freizügigkeit in Europa ist hoch, und
ihre Akzeptanz ist sehr wichtig für die Europäische Union –
deshalb müssen wir über Gerechtigkeit und Leistungsniveau
innerhalb der einzelnen Staaten immer wieder konkret neu
verhandeln. Erschöpfende grundsätzliche Debatten, so reiz-
voll sie für politische Talkshows sein mögen, bringen uns
einer Antwort in den seltensten Fällen näher.

Die europäische Freizügigkeit ist eine konkrete Verbesserung für alle Bürgerinnen und Bürger der EU. Ihr Nutzen
und ihre Nutzung beschränken sich längst nicht auf die Bewohnerinnen und Bewohner der europäischen Staaten, die
wirtschaftlich schwächer sind und nicht genügend Arbeitsplätze bieten. Längst gehört die Möglichkeit, sich in jedem
Land der EU niederlassen zu können, dort zu wohnen, eine
Arbeit zu suchen und eine Existenz aufzubauen, zum Lebens-
gefühl vieler Europäerinnen und Europäer. Wer in Sonntags-
reden gerne die »europäischen Werte« beschwört, darf gerne
auf diese unkomplizierte und vergleichsweise unbürokra-

tische Errungenschaft der Freizügigkeit innerhalb der Europäischen Union verweisen.

Mehrere Hunderttausende Deutsche machen Jahr für Jahr von dieser Möglichkeit recht regen Gebrauch, indem sie des Berufs oder der Liebe oder des Wetters wegen in ein anderes EU-Land umziehen – entweder auf Zeit oder sogar für immer. Drei Jahre für einen internationalen Konzern in Paris, Sofia oder Athen zu arbeiten oder in Barcelona oder Bukarest zu studieren, macht sich nicht nur im Lebenslauf gut, sondern ist häufig genug ein prägendes Erlebnis für das weitere Leben. Für einen Kontinent, der bis zum Jahr 1990 durch einen Eisernen Vorhang brutal in zwei Teile getrennt war, die sich unversöhnlich gegenüberstanden, hat eine solche wahrhaft grenzüberschreitende Erfahrung einen eigenen, die Völker verbindenden Wert, der politisch, auch friedenspolitisch, gar nicht hoch genug eingeschätzt werden kann.

Dies mag erklären, weshalb vor allen Dingen viele junge Britinnen und Briten nach der fatalen, für viele doch überraschenden Entscheidung zum Austritt Großbritanniens aus der Europäischen Union im Frühsommer 2016 plötzlich laut forderten, dass für sie künftig weiterhin diese Möglichkeit der Freizügigkeit erhalten werden müsste, weil eben auch Schotten, Waliser, Nordiren und Engländer längst rege von der Möglichkeit Gebrauch machen, ein paar Monate oder Jahre auf dem Kontinent zu studieren, zu arbeiten und zu leben.

Allein in der Bundesrepublik leben und arbeiten gegenwärtig mehr als 100 000 Britinnen und Briten dank der unkomplizierten Freizügigkeitsregeln. Insgesamt leben mehr als zwei Millionen Bürger Großbritanniens in einem anderen EU-Mitgliedstaat. Der Wert entspricht ziemlich genau der

Zahl nichtbritischer EU-Bürgerinnen und Bürger, die ihren Wohnsitz auf der Insel haben. Ein Brexit bedeutet für alle viel mehr bürokratischen Aufwand, sie müssten sich jeweils um eine Arbeitserlaubnis bemühen und eine Vorrangprüfung erfolgreich durchlaufen. Überdies unterlägen sie strikteren Melde- und Steuerbestimmungen.

Der Brexit wird (auch) in dieser Hinsicht noch manch bitteren Moment für Europa mit sich bringen, weil es plötzlich viel aufwändiger werden wird, eine Ausbildung, ein Studium oder einen Beruf innerhalb beziehungsweise außerhalb des Vereinigten Königreichs aufzunehmen. Ganz zu schweigen von der Tatsache, dass die Inselbewohner plötzlich von dieser europäischen Mentalität, die im Entstehen begriffen ist, abgekoppelt werden und ihr sympathischer und humorvoller Blick auf die Welt schmerzlich vermisst werden wird.

SICHERE AUSSENGRENZEN

In der Europäischen Union sind die Binnengrenzen gefallen. Es ist ein großer einheitlicher Raum des Rechts und ein Binnenmarkt für Güter, Dienstleistungen und für Arbeitnehmerinnen und Arbeitnehmer entstanden, auf dem Freizügigkeit herrscht und sich alle EU-Bürgerinnen und -Bürger völlig frei bewegen können. Zugleich aber kommen auch viele Migrantinnen und Migranten von außerhalb der Europäischen Union zu uns und stellen uns vor Herausforderungen, auf die Europa bislang nur unzulänglich vorbereitet scheint.

Die Bilder des Sommers 2015 sind uns allen noch lebhaft vor Augen, doch bilden sie lediglich eine extreme Zuspitzung des regelmäßigen, seit Jahren zu beobachtenden Flüchtlingsgeschehens an Europas südlichen Grenzen ab. Viele streben nach Europa – sei es, um Schutz zu finden vor Verfolgung, Krieg und Gewalt –, sei es, um Armut, Hunger und Hoffnungslosigkeit zu entkommen.

Angesichts dieser Entwicklung müssen wir uns einer letztlich selbstverständlichen Tatsache gesamteuropäisch versichern und ihre Konsequenzen in konkrete Politik fassen: Um die grenzenlose Bewegungsfreiheit innerhalb des europäischen Schengen-Raumes und die Freizügigkeit innerhalb der Europäischen Union gewährleisten zu können, brauchen wir gesicherte Außengrenzen. Auf Dauer kann kein Staat der Welt und nicht einmal die Europäische Union Millionen Zuwanderer ohne jede Regel aufnehmen. Das würde die eigenen Sozialsysteme völlig überlasten, die Akzeptanz bei den Einheimischen überstrapazieren und zu erheblichen Spannungen und politischen Verwerfungen führen.

Die simple Tatsache, dass eine gesicherte Außengrenze die logische Konsequenz des Wegfalls der Binnengrenzen ist, war in der Vergangenheit leider etwas aus dem Blick geraten. Natürlich müssen die Staaten der Europäischen Union die Kontrolle darüber haben, wer zu ihnen kommt. Und der Schutz dieser Grenzen sollte auch nicht allein Aufgabe jener Staaten sein, die geographisch an den Außengrenzen der EU liegen. Alle EU-Mitglieder haben ein Interesse an gesicherten Außengrenzen, und deshalb ist die Sicherung der Außengrenzen auch eine Gemeinschaftsaufgabe, die in der Verantwortung aller EU-Mitglieder liegt.

Der Begriff der gesicherten Außengrenze darf dabei aber nicht missverstanden werden als Bollwerk oder Schutzwall, hinter dem sich die wohlhabenden Europäerinnen und Europäer verbarrikadieren und vor der Welt verstecken. In unserer eng miteinander verwobenen Welt ist eine solche Abschottung nicht möglich – und wünschenswert schon einmal gar nicht. Grenzen können sehr wohl aus Zäunen bestehen und auch durchaus streng bewacht werden, sie sind aber keine mittelalterlichen Burgmauern. Sie besitzen Übergangsstellen, damit Reisende, Geschäftsleute, Urlauberinnen und Urlauber, Studierende und auch Flüchtlinge die Grenzen gefahrlos passieren können. Für diese Grenzübertritte sind klare, verlässliche und verständliche Regeln zu formulieren, die für alle – auch für Flüchtlinge – gelten. Und diese Regeln sollten wir dann auch durchsetzen.

Es zählt zu den größeren Versäumnissen der vergangenen Jahre, dass es der Europäischen Union nicht gelungen ist, ein solch wirksames Grenzregime an seinen Außengrenzen aufzubauen. Stattdessen haben inzwischen einzelne Staaten wie Ungarn in Eigenregie ihre nationalen Grenzen aufgerüstet, aus Selbstschutz, wie sie behaupten. Diese Entwicklung ist nicht gut, weil sie dem Wesenskern Europas widerspricht. Vernünftiger wäre es, die Schengen-Außengrenzen und die Grenzen der EU zu stabilisieren und die Länder, die über Außengrenzen verfügen, beim Schutz dieser Grenzen zu unterstützen.

Deshalb ist es sinnvoll, die Europäische Union mit wachsenden Kompetenzen bei der Grenzsicherung zu betrauen. Frontex sollte weiter zu einer durchsetzungsstarken Grenz- und Küstenschutzagentur der EU ausgebaut werden, die gemeinsam mit den Behörden der Mitgliedstaaten, aber auch eigenständig die Außengrenzen sichert. Dies schließt mit ein, dass ihre Schiffe im gesamten Mittelmeerraum patrouillieren, um Flüchtlinge aus Seenot zu retten und Schlepperbanden zu stellen. Für diese Anstrengungen müssen alle EU-Mitglieder gemeinsam aufkommen, die Mittelmeeranrainer allein wären damit schnell überfordert – organisatorisch und finanziell.

Ein wirksames Grenzregime im 21. Jahrhundert benötigt ein »intelligentes« Design. Die Grenzbehörden müssen in die Lage versetzt werden zu erfassen, wenn Bürgerinnen und Bürger aus Nicht-EU-Staaten in die Europäische Union einreisen – und ebenfalls, ob und wann sie die EU später wieder verlassen haben. Das europäische Grenzkontrollmanagement sollte so ertüchtigt werden, dass die Passdaten und biometrischen Merkmale eines Reisenden bei der Einreise erfasst, gespeichert und automatisiert mit vorliegenden Daten abgeglichen werden können. Auf diese Weise könnten jene, die sich nach Ablauf ihres Visums unerlaubt in der EU aufhalten, sogenannte Visa-Overstayer, schneller und leichter identifiziert werden.

Damit schaffen wir endlich die Instrumente, die wir dringend brauchen, um die Regeln, die wir uns gegeben haben, auch durchsetzen zu können. Denn wenn uns das nicht gelingt, können wir auch nicht erwarten, dass sich jemand an die Regeln hält. Im Übrigen würden wir damit auch dafür sorgen, dass bereits abgelehnten Asylbewerbern die Wiedereinreise nach Europa verweigert werden kann.

Durch die Erfassung der Zeitpunkte und Orte der Grenzübertritte entstünde eine Reisehistorie. Wenn sich jemand irgendwo in Europa meldet und beispielsweise Asyl beantragt, könnte unter Rückgriff auf ein einheitliches Visa-Informationssystem zügig geklärt werden, unter welchem Namen und Angaben er in die EU eingereist ist. Ein solch verbessertes Grenzmanagement an den Außengrenzen der EU für Drittstaatenangehörige könnte durch ein europäisches Reiseinformations- und -genehmigungssystem ergänzt werden. Letztlich wäre dies ein automatisiertes IT-System zur Erteilung von Einreisegenehmigungen, wie man es beispielsweise längst aus den USA kennt – und mit dem dort alle Reisenden problemlos klarkommen.

Eine solcherart intelligente Grenze ist übrigens eine Voraussetzung für eine großzügigere Vergabe von Visa in die Europäische Union. Viele junge Wissenschaftlerinnen und Wissenschaftler aus Drittstaaten, viele Künstlerinnen und Künstler haben es nach wie vor schwer, ein EU-Visum zu erlangen. Anderen gelingt es nicht, ihre Verwandten in der Europäischen Union zu besuchen, und manchem gutsituierten Mittelstandsangehörigen eines Landes in Afrika oder Asien wird schlichtweg nicht geglaubt, dass er wirklich nur als Tourist nach Europa kommen will. Europas Konsulate unterstellen oft, dass es am »Rückkehrwillen« fehle, wie es das deutsche Recht formuliert. Mit intelligenten Grenzen und einer wirksamen Kontrolle können die europäischen Botschaften mehr Mut bei der Visa-Erteilung zeigen.

Mehr (legale) Einreisen in die Staaten der Europäischen Union, beispielsweise aus Afrika, könnten einen weiteren durchaus wünschenswerten Begleiteffekt haben. Durch die Berichte der Besucherinnen und Besucher können in der Folge auch in den Heimatländern realistischere Bilder davon entstehen, wie die Wirklichkeit in Europa aussieht und welche Möglichkeiten für das eigene Leben in Europa bestehen. Hier ist derzeit nämlich oftmals eine Kluft zwischen Vorstellung und Wirklichkeit zu beobachten.

Noch einmal: Die Regeln für den Grenzübertritt sind entscheidend, nicht die Existenz der Grenze. Betrachten wir die heutige Lage, dann zeigt sich schnell, dass die Möglichkeiten, nach Europa einzureisen und dort eine neue Heimat zu finden, sehr unterschiedlich sind. Das zu begreifen, ist wichtig.

Zunächst einmal gibt es jene, die vor Krieg, Gewalt und Terror, vor politischer oder religiöser Verfolgung fliehen und in Europa Schutz suchen. Beispielsweise vor dem Bürgerkrieg in Syrien. Oder vor der instabilen Lage in Afghanistan, wo viele europäische Staaten jahrelang selbst Militär zur Stabilisierung stationiert hatten, oder aus dem Irak und aus Eritrea. Es sind die Menschen, die das Gros derer ausgemacht haben, die 2015 nach Europa aufgebrochen sind. Sie können sich zumeist auf die Genfer Flüchtlingskonvention berufen und erhalten in der Europäischen Union oft ein zunächst befristetes Aufenthaltsrecht.

Gute Bedingungen finden qualifizierte Fachkräfte vor, die in der Europäischen Union arbeiten wollen. Die Nachfrage nach qualifizierten, gut ausgebildeten Facharbeiterinnen und Facharbeitern und wissenschaftlich ausgebildeten Experten ist in einigen Ländern Europas hoch, die Hürden für deren Zuwanderung wurden überall gesenkt. Brüssel hat beispielsweise eigens die Blue Card geschaffen, die es Hochqualifizierten aus Nicht-EU-Staaten ermöglicht, sich in der Union aufzuhalten, zu arbeiten – und dabei im Übrigen auf die gleiche Bezahlung pochen zu können wie einheimische Beschäftigte. In die gleiche Richtung gehen die unverändert überwiegend nationalen Zuwanderungsregeln.

Die Perspektiven für jene Männer, Frauen und Kinder, die wegen Armut und Hoffnungslosigkeit nach Europa streben, sind hingegen in der Regel schlecht. Nach bisherigem Recht ist für sie die Außengrenze der Europäischen Union eine konkret nicht überwindbare Grenze – weil sie sich weder auf das Völkerrecht und die Genfer Flüchtlingskonvention berufen können, noch über eine berufliche Qualifikation verfügen, die die Chance eröffnet, einen Aufenthaltsstatus zu erlangen.

Dennoch machen sich Monat für Monat Tausende Afrikanerinnen und Afrikaner auf den gefährlichen Weg nach

Norden, kratzen mühsam ihr letztes Erspartes zusammen, begeben sich in die Hände ruchloser Menschenschmuggler, durchqueren zu Fuß ganze Wüsten und sitzen schließlich in überfüllten, kaum seetüchtigen Kähnen in der Hoffnung, das rettende europäische Festland zu erreichen und damit eine neue Zukunft zu finden. Häufig genug enden diese Reisen in der Katastrophe; und Europa darf sich niemals an die schrecklichen Bilder gewöhnen, die gekenterte Schiffe und Ertrunkene zeigen, sei es vor der italienischen Küste, vor Griechenland, vor Malta, in der Meerenge von Gibraltar, und die Flüchtlinge auf den Zäunen der beiden europäischen Exklaven in Afrika, Ceuta und Melilla.

Wieso begeben sich diese Menschen trotzdem auf die gefährliche Reise? Der deutsche Schriftsteller Navid Kermani hat dafür eine, wie ich finde, beeindruckende Erklärung gefunden. Er erinnert in seiner Rede *Nach Europa* an den US-Schriftsteller Paul Bowles, der lange Zeit in Marokko lebte und über desillusionierte Europäer und US-Amerikaner schrieb, die »ihrer Zivilisation müde geworden sind und vor ihrem Leben ohne Inhalt nach Afrika fliehen«. Heute werden laut Kermani die Pensionen in der Altstadt Tangers von Leuten bewohnt, die jubeln würden über ein westliches Leben ohne Inhalt – wenn es nur ein Leben wäre. »Sie kommen aus unterschiedlichen Gegenden Marokkos, aus Dörfern, Kleinstädten, aus der Metropole Casablanca. Drei oder vier von ihnen hatten studiert oder eine Ausbildung, einer war Ingenieur, der andere Automechaniker. Die restlichen hatten nichts vorzuweisen als ihren Eifer. Einen Unterschied macht das nicht. In Marokko werden sie ohnehin keine Arbeit finden. Was sie in Europa wollen, fragte ich in die Runde. Arbeit, natürlich, ein normales Leben, mehr nicht. Dass man ein bisschen Sicherheit hat, nicht jeden Tag von neuem kämpfen muss ums Überleben, eine Chance bekommt, eine Familie zu gründen, oder die Freundin wenigstens mal ausführen könne. Auto und Urlaub gehören nicht zu dem normalen Leben, von dem sie träumen; wichtiger ist ihnen, dass das Geld reichen wird, um der Familie von Zeit zu Zeit etwas zu überweisen.«

Europa ist für diese Menschen die Hoffnung auf ein besseres, friedliches Leben in Freiheit und bescheidenem Wohlstand. Allerdings kann Europa dieses Versprechen nie und nimmer einlösen. Dass sich nicht jede Hoffnung auf ein besseres Leben in Europa umstandslos verwirklichen lässt, zeigt schon ein Blick nach Deutschland auf unsere Arbeitslosenstatistik.

Mehr als die Hälfte der Langzeitarbeitslosen bei uns hat keinen Schulabschluss und keinen Berufsabschluss. Der heutige Aufschwung am Arbeitsmarkt, die Zunahme der Beschäftigung in Deutschland, um die uns so viele Staaten beneiden, geht in weiten Teilen an jenen vorbei, die nicht über ausreichende schulische und berufliche Qualifikationen verfügen.

Das ist kein Wunder, denn die Zahl der Arbeitsplätze für Geringqualifizierte nimmt hierzulande stetig ab, auch weil viele dieser Stellen mit der Produktion in Schwellenländer mit deutlichen niedrigeren Löhnen und Lebenshaltungskosten abgewandert sind. Das bittere, aber realistische Fazit: Nur qualifizierte und gut ausgebildete Fachleute aus aller Welt werden in Deutschland und Europa echte Chancen haben. Vielen, die sich auf die lange Reise und die gefährliche Überfahrt nach Europa machen, um hier ihr Glück zu versuchen, die aber außer der Kraft ihrer Hände und ihrem Engagement keine zusätzlichen Qualifikationen zu bieten haben, wird es nur mit größten Anstrengungen und größtem Ehrgeiz gelingen, sich in den deutschen Arbeitsmarkt zu integrieren.

Vielleicht würde eine bessere Kenntnis dieser europäischen Wirklichkeit manche dazu bewegen, doch in ihrer Heimat zu verbleiben und trotz aller Schwierigkeiten *dort* nach Chancen zu suchen. Solange Europa aber ein ferner »Sugarcandy Mountain« bleibt – so George Orwells bitterer Spott über das Versprechen eines besseren Lebens im Jenseits; solange ein völlig unrealistisches Bild von den Möglichkeiten in Europa herrscht, werden sich weiter Menschen in nicht seetüchtigen Booten über das Mittelmeer aufmachen auf der Suche nach Glück, Wohlstand und Zufriedenheit. Erst wenn wir, wie geschildert im Rahmen eines Konzeptes intelligenter Grenzen, auch die Möglichkeiten des kontrollierten, regelmäßigen und kurzfristigen Grenzübertritts erleichtern, wird sich der Blick für die Möglichkeiten und Unmöglichkeiten der Migration nach Europa schärfen. Auf der Grundlage dieser Besuche entstehen realistische Erzählungen von Europa, die manchem potenziellen Zuwanderer eine informiertere Entscheidung ermöglichen können.

Dennoch bleibt in Europa oftmals der Widerspruch zwischen den eigenen Werten und den eigenen Möglichkeiten bestehen und fordert von uns allen und von der Europäischen Union eine aufgeklärte Form des Umgangs. Wir müssen uns die Frage stellen, ob es nicht Pflichten gibt, die jeder Mensch gegenüber allen anderen hat? In seinem Buch *Cosmopolitanism* mit dem bezeichnenden Untertitel *Ethics in a World of Strangers* fragt Kwame Anthony Appiah, ein in London geborener und in Ghana aufgewachsener Hochschullehrer: Was schulden wir Fremden aufgrund unseres gemeinsamen Menschseins? Immanuel Kant sieht die moralische Achtung vor der Würde des Menschen auf die »Menschheit in der Person eines jeden Einzelnen« gegründet.

In einer Welt, wie wir sie uns vorstellen, in der die regionalen, nationalen und religiösen Loyalitätspflichten friedlich koexistieren, ist Humanität keine Sonntagstugend. In der »Einen Welt«, in der wir nicht erst seit der weltweiten Digitalisierung leben, gibt man sich selbst auf, wenn man nur auf das eigene Wohlergehen achtet. »Nur wer sein eigenes Leben ernst nimmt«, sagt der Philosoph Volker Gerhardt, »kann in seiner Verantwortung für andere überzeugen; die Sorge für sich selbst ist der Garant der Sorge für die Welt.«

Es gibt Aktivisten, die sich deshalb für eine völlige Öffnung der Grenzen als Akt der Humanität aussprechen. Ihnen gerät dabei völlig aus dem Blick, welch einschneidende Folgen ein solcher Schritt hätte: Denn Deutschland könnte kein Sozialstaat mehr sein und Europa könnte keiner werden, weil der Sozialstaat nicht grenzenlos jeden unterstützen kann und schon gar nicht auf dem heutigen Niveau. Und wir können nicht ins Hamburg des 18. und 19. Jahrhunderts zurückkehren, als man zwischen »unseren« und den »fremden« Armen unterschied, die zusammen in und auf Hamburgs Straßen lebten.

Bei bedingungslos offenen Grenzen müssten Deutschland und Europa bereit sein, informelle Siedlungen in und vor den Großstädten zu akzeptieren, wie sie an vielen Orten der Welt verbreitet sind und die weder unseren sozialen noch hygienischen Standards entsprechen. Auf der ganzen Welt ohne Grenzen leben zu können, ist eine wichtige Zukunftsvorstellung. Doch wir würden uns gerade diese Zukunft verstellen, wollten wir schon jetzt politisch »grenzenlos« handeln.

Es werden sich auch künftig immer wieder Menschen auf den Weg nach Europa machen, dabei Leib und Leben riskieren und oft genug scheitern. Auch die Bilder der menschlichen Katastrophen, die sich daraus ergeben, werden nicht einfach verschwinden. Grenzen können noch so scharf bewacht werden, überall, wo die Perspektiven jenseits einer Grenze bessere Lebenschancen verheißen, werden Menschen oft unter Lebensgefahr versuchen, die Grenze zu überwinden. Als Bürgerinnen und Bürger eines einstmals durch eine strikt bewachte Grenze getrennten Landes wissen wir dies nur zu genau. Die Versuche von Menschen, nach Europa zu gelangen, werden in den nächsten Jahren eher weiter zunehmen, so wie die Ungleichheit zwischen Afrika und Europa weiter wächst. Die Europäische Union muss sich deshalb ernsthaft mit der Frage beschäftigen, wie sie auf diese Herausforderung reagieren will.

Dieser Anspruch ist leicht formuliert, aber unendlich schwer einzulösen. Auch die Menschen, die wissen, dass die Forderung nach einer bedingungslosen »Öffnung der Grenzen für alle« nicht vernünftig ist und den Flüchtlingen selbst umso weniger hilft, je größer ihre Zahl wird, verlangen – zu Recht – nach einer Lösung. *Was* man aber tun kann oder sollte, um *mehr* für diese Menschen zu tun, ist den wenigsten klar. An dieser Stelle herrscht eine große Rat- und Sprachlosigkeit. Ein Grund dafür ist wohl, dass man bei allen Lösungsvorschlägen letztendlich immer doch über Begrenzungen reden muss, wenn man die skizzierten Konsequenzen vermeiden will.

Wir dürfen uns nichts vormachen: Die großen wirtschaftlichen Unterschiede zwischen Europa und Afrika werden ungeachtet aller Bemühungen der Entwicklungszusammenarbeit auf absehbare Zeit nicht verschwinden, das zeigen die Erfahrungen 50 Jahre nach dem Ende der Kolonialzeit. »Hilfe zur Selbsthilfe« kann nur bedingt etwas ausrichten gegen eine korrupt-autoritäre Eliteherrschaft auf der einen Seite und importierte, zu Dumpingpreisen angebotene Waren auf der anderen Seite. Ein erster Schritt wäre vielleicht, wenn die Europäische Union ihre Fischereipolitik verändern würde und sich keine Trawler aus EU-Staaten mehr daran beteiligen würden, die Fischgründe vor Westafrika leer zu fangen und damit den einheimischen Fischern die Existenzgrundlage zu entziehen: Armut schafft Flüchtlinge. Ähnliches gilt, wenn Europa subventionierte Tomaten nach Ghana oder Hühnerschenkel nach Kamerun exportiert und damit die örtlichen Bauern um ihren Verdienst bringt. Handelsschranken und hohe Subventionen für landwirtschaftliche Produkte aus Europa, mit denen afrikanische Handelsplätze und die Produkte der regionalen Landwirtschaft entwertet werden, lähmen die Initiative der Einheimischen.

Es wäre ein erster Schritt, wenn die Staaten der EU ihren moralischen Anspruch an dieser Stelle politisch einlösen würden, aber es würde natürlich allein nicht genügen. Hierfür bedarf es gründlicher, vielleicht auch schmerzlicher Debatten. Wir müssen diese Diskussion aber führen, denn ohne eine tatsächliche Bekämpfung der Ursachen für die Fluchtbewegungen aus anderen Ländern Richtung Europäische Union bleibt uns auf Dauer nur ein Krisenmanagement mit hohen finanziellen wie politischen und auch humanitären Kosten.

Nach Aussage des UN-Hochkommissars für Menschenrechte reisen die Migrantinnen und Migranten, die auf gefährlichem Wege nach Europa kommen, in gemischten Strömen. Politisch Verfolgte, Armutsflüchtlinge und Arbeitsmigranten sitzen oft im selben Boot auf dem Weg von Afrika nach Norden, und die Motive der einen sind nicht minderwertiger als die Motive der anderen. Gerade *weil* der Anteil jener, die eigentlich als Arbeitsmigranten gesehen werden müssen und wegen schlechter wirtschaftlicher Perspektiven ihre Heimatländer verlassen, manchmal nicht geringer ist als der Anteil derjenigen, die unterwegs sind, um vor politischer Verfolgung oder Krieg zu fliehen, gerade darum ist es wichtig, sich Gedanken zu machen, für einen Teil von ihnen eine Möglichkeit zur *legalen* Zuwanderung zu schaffen. Denn Ziel muss es sein, dass Frauen und Männer nicht mehr wochen- und monatelang über Land reisen und sich großen Gefahren aussetzen. Klar ist: Die Perspektiven einer *legalen* Zuwanderung müssen so sein, dass sie die europäischen Arbeitsmärkte nicht überfordern und gleichzeitig attraktiv genug sind, dass sich die Zahl derer, die die lebensgefährlichen Wege beschreiten, deutlich verringert. Das wäre eine humanitär motivierte Strategie.

Eine Grundvoraussetzung für eine solche Debatte ist aber, genau zu unterscheiden zwischen den unterschiedlichen Zuwanderungsgruppen und den Zielen, die wir mit unserer Zuwanderungspolitik erreichen wollen. Es gibt letztlich drei unterschiedliche Migrationsmotive, die wir getrennt betrachten müssen: Erstens die gewünschte und nötige Zuwanderung von qualifizierten Fachkräften auf den europäischen Arbeitsmarkt. Zweitens die humanitär motivierte Aufnahme von (einigen) Armutsflüchtlingen. Und drittens die völkerrechtlich begründete Migration von Schutzsuchenden, die vor Krieg, Gewalt und Terror fliehen.

Bislang werden diese drei sehr unterschiedlichen Gruppen in der öffentlichen Debatte viel zu häufig bunt vermischt, was neben einer sprachlichen Verwirrung vor allem zur Folge haben kann, dass Zuwanderung generell äußerst skeptisch bewertet wird. Höchste Zeit also, diese Fragen sorgfältig zu betrachten und zu verstehen, wie sie miteinander zusammenhängen und wie nicht. Nur so kann bei uns in Deutschland und in Europa ein Konzept entstehen, aus dem sich nachvollziehen lässt, wer diesseits der europäischen Außengrenzen aufgenommen werden soll.

ARBEITSMIGRATION NACH EUROPA

Millionen Arbeitskräfte sind seit dem Ende des Zweiten Weltkriegs nach Deutschland gekommen. Unser Land ist mindestens seitdem ein Einwanderungsland – nur wollte sich das über Jahrzehnte niemand so recht eingestehen.

Anfangs waren es die knapp zwölf Millionen Heimatvertriebenen aus den Ostgebieten, die nach Deutschland (West wie Ost) kamen und schnell vom Arbeitsmarkt aufgenommen wurden. Das gelang überwiegend ohne große Probleme. Alle waren Deutsche und mit Sprache und Kultur vertraut.

In den fünfziger und sechziger Jahren musste das deutsche Wirtschaftswunderland dann in Südeuropa gezielt um Arbeitskräfte werben. »*Germania gut*«, lautete beispielsweise der Slogan, mit dem in Italien für eine Anstellung in der Bundesrepublik Reklame gemacht wurde. Ähnliche Aufrufe erfolgten in Griechenland, Spanien, Portugal, dem damaligen Jugoslawien und schließlich in der Türkei, um den Konjunkturmotor in Deutschland am Laufen zu halten.

Die Männer, die da kamen, und es waren zunächst vor allem Männer, wurden sehr lange Zeit als »Gastarbeiter« bezeichnet, was nicht einer verunglückten Diktion, sondern einer klaren Logik folgte. Die jungen Angeworbenen kamen ohne Familienangehörige. Sie lebten häufig in Baracken oder Sammelunterkünften, übernahmen einfache Tätigkeiten und schufteten Tag und Nacht. Niemand war besonders nett zu ihnen. Niemand kümmerte sich um ihre Rechte. Es gab keine Sprachkurse. Die »Gastarbeiter« blieben zumeist unter sich. Denn ihre Anwerbung folgte der Logik, dass sie für eine begrenzte Zeit des Berufs wegen nach Deutschland kommen, hier arbeiten und Geld verdienen, um dann später in ihre Heimat und zu ihren Familien zurückzukehren. Eine Logik im Übrigen, die von den Angeworbenen in der Regel geteilt wurde; sie planten irgendwann die Rückkehr in ihre Heimat.

»Auf dem Kölner Hauptbahnhof rollen mehrmals in der Woche Menschentransporte aus Spanien und Portugal an. Am Bahnsteig 11 des Münchner Hauptbahnhofs setzen die Sonderzüge aus Italien, Griechenland und der Türkei ihre Fracht ab«, schrieb *Der Spiegel* im Oktober 1964. Der Portugiese Armando Rodrigues de Sá erhielt einen ganz großen Bahnhof samt Presse, feierlichen Reden und ein nagelneues Mokick, genauer eine Zündapp Sport Combinette, weil er der millionste Gastarbeiter war, der in die Bundesrepublik kam. Das Bild des schüchternen Mannes, der gar nicht weiß, wie ihm geschieht im Wirtschaftswunderland, ist ein eindrucksvolles und bezeichnendes Dokument aus dieser Zeit.

Der Anteil der Ausländer in Deutschland wuchs im Zuge der damaligen aktiven Anwerbepolitik von 1,2 Prozent im Jahr 1960 innerhalb eines Jahrzehnts auf knapp fünf Prozent. Etwa 2,6 Millionen ausländische Arbeitskräfte waren in der Bundesrepublik beschäftigt, als die Bundesregierung die Anwerbungen 1973 schließlich beendete.

Der Schweizer Schriftsteller Max Frisch brachte es einmal auf die eindrückliche Formel, dass man Arbeitskräfte rief, aber Menschen kamen. Wir alle wissen, wie es in den nächsten Jahren weiterging. Die Unternehmen wollten ihre mittlerweile eingearbeiteten und verlässlichen Arbeitskräfte behalten und drängten die Regierung, nun Vorsorge zu treffen für eine bessere Eingliederung der Migranten und ihrer Familien. Der Familiennachzug wurde eine zentrale Form der Zuwanderung nach Deutschland. Aus Gastarbeitern wurden auf diese Weise neue Nachbarn, Nachbarn mit Familien und Kindern. Doch Einwanderungsland wollte Deutschland weiterhin nicht sein – und man blieb sich fremd.

Einwanderung von Arbeitskräften fand in großen Zahlen aber trotzdem statt. Nach dem Verschwinden des Eisernen Vorhangs kamen zu Beginn der neunziger Jahre noch einmal fast zwei Millionen Spätaussiedler nach Deutschland und etablierten sich auf dem Arbeitsmarkt. Der deutsche Arbeitsmarkt nahm später auch Millionen Arbeitskräfte aus Osteuropa auf, nachdem er für sie stückweise geöffnet wurde.

Auch nach der Jahrtausendwende blieb die Debatte zäh. Das richtungsweisende Zuwanderungsgesetz, dass die Regierung Schröder im Jahr 2004 mit breiter Unterstützung von Bevölkerung, Kirchen, Gewerkschaften, humanitären Organisationen und der Wirtschaft durchsetzte, war zwar ein Meilenstein der Migrations- und Integrationspolitik und sorgte für die überfällige Modernisierung des Aufenthaltsrechts. Es definierte die Bedingungen und Grundlagen für eine geregelte Zuwanderung in unser Land und gestand damit politisch und symbolisch Migration zu. Doch den Satz »Deutschland ist ein Einwanderungsland« enthielt es nicht.

Heute bestreitet kaum einer, dass Deutschland ein Einwanderungsland ist. Dafür sind die Fakten zu offensichtlich. Mehr als 17 Millionen Einwohnerinnen und Einwohner unseres Landes haben einen Migrationshintergrund. Das heißt, mindestens ein Eltern- oder Großelternteil ist seit den fünfziger Jahren nach Deutschland gekommen. Sie stammen ab von Gastarbeitern und Spätaussiedlern, von Arbeitsmigranten und Flüchtlingen. Ein Fünftel der Deutschen hat somit, ob direkt oder indirekt, eine Zuwanderungsbiographie. Tendenz ständig wachsend. Spätestens der Sieg bei der Fußballweltmeisterschaft 2014 in Brasilien mit einer deutschen Nationalelf, die mit Jérôme Boateng, Mesut Özil, Sami Khedira, Shkodran Mustafi, Lukas Podolski und Miroslav Klose die Geschichte der Zuwanderung auch erfolgreich repräsentierte, hat diese Tatsache stärker ins öffentliche Bewusstsein gerückt.

Dieser kleine historische Rückblick soll verdeutlichen: Wir Deutschen haben uns lange Zeit sehr schwer getan zu realisieren, wie viele Männer und Frauen tatsächlich zu uns kommen, um hier zu arbeiten. Heute sehen wir klarer. Wenn wir jetzt darauf schauen, wie die Zuwanderung von Arbeitskräften von außerhalb der Europäischen Union nach Deutschland vor sich geht und vor sich gehen sollte, können wir das mit dem Blick auf die Geschichte und die Erfahrungen der vergangenen Jahrzehnte tun.

Häufig wenig bekannt ist, dass die Migration von Männern und Frauen aus Drittstaaten – also von außerhalb der EU – nach Deutschland heute relativ einfach gelingt, wenn sie einen Arbeitsplatz in Aussicht haben und ein gutes Einkommen erwarten können. Für solche Qualifizierten hat Deutschland im Rahmen des europäischen Rechts seine Grenzen geöffnet. Wer an einer deutschen Universität seinen Abschluss macht und eine angemessene Beschäftigung findet, kann unabhängig von seiner Staatsbürgerschaft de facto bleiben und dauerhaft zuwandern. Auch denjenigen, die in Deutschland eine Berufsausbildung abgeschlossen haben und eine Beschäftigung nachweisen, geht es so.

Wer 2017 eine Beschäftigung nachweist, bei der er mehr als 50 000 Euro brutto im Jahr verdient, kann dank der bereits erwähnten Blue Card der Europäischen Union mit Familie einreisen und de facto dauerhaft bleiben. Bestimmte Fachkräfte wie aktuell Naturwissenschaftler, Mathematiker, Ingenieure, Ärzte oder IT-Fachkräfte erhalten auch dann eine Blue Card, wenn sie ein geringeres Gehalt verdienen. Dafür müssen sie ein vergleichbares Gehalt wie inländische Arbeitnehmerinnen und Arbeitnehmer verdienen, mindestens 40 000 Euro im Jahr. Dank der EU-Blue-Card können diese Fachkräfte sogar leichter angeworben werden, ohne vorrangige Prüfung der Arbeitsmarktlage. Es ist gleichzeitig geregelt, dass auch ihre Ehepartner uneingeschränkten Zugang zum hiesigen Arbeitsmarkt haben.

Zahlreiche Studien haben die Auswirkungen der Freizügigkeit in Europa für den europäischen Arbeitsmarkt untersucht. Dabei sind durchaus erstaunliche Erkenntnisse zutage getreten. Insbesondere Großstädte profitieren von den zumeist jüngeren EU-Bürgerinnen und -Bürgern und verzeichneten eine positive Wirtschaftsentwicklung. Die Zugezogenen würden Lücken auf lokalen Arbeitsmärkten schließen, nicht unerheblich zum Steueraufkommen in ihren Wohnorten beitragen und »dem demographischen Wandel entgegenwirken«.

Auch für Deutschland registrieren Studien einen »gesamtwirtschaftlichen Gewinn« durch die Freizügigkeit.

Vor allem aus Schweden, das seinen Arbeitsmarkt früh für andere europäische Arbeitskräfte geöffnet hat, wird nur selten von Schwierigkeiten berichtet. Ursache dürfte die hohe Tarifbindung der schwedischen Arbeitskräfte sein, die umstandslos auch für alle Neuankömmlinge gilt. So entsteht gar nicht erst der Eindruck, die Zuwanderer könnten das Lohnniveau senken und Einheimischen dank Dumpinglöhnen die Arbeitsplätze streitig machen.

Aus diesen Erfahrungen lässt sich für die Zuwanderung aus Drittstaaten nach Europa, insbesondere nach Deutschland lernen. Wenn es gelänge, in Deutschland zu einem System überwiegend tarifvertraglich geregelter Arbeitsbeziehungen zurückzukehren; wenn die Zahl der prekären Arbeitsverhältnisse im Rahmen von Werkverträgen zurückgedrängt werden könnte und der Missbrauch der Leiharbeit ebenso, wenn Schwarzarbeit und informelle Beschäftigung effektiv abnähmen, dann könnte Deutschland für Arbeitsmigranten aus Drittstaaten deutlich mehr Möglichkeiten bieten, als sie heute bestehen, ohne dass die hiesigen Arbeitnehmerinnen und Arbeitnehmer darunter in irgendeiner Form zu leiden hätten. Mehr noch: Sie würden selbst von einer allgemeinen Verbesserung der Beschäftigungsverhältnisse profitieren. Mit dem allgemeinen gesetzlichen Mindestlohn und den Branchenmindestlöhnen ist bereits ein erster Schutz vor Lohndumping geschaffen worden.

Dies könnte ein verlockendes Argument für die deutschen Arbeitgeber sein – die nicht müde werden, vor einem Fachkräftemangel in Deutschland zu warnen und für eine Lockerung der Zuwanderungsregeln zu werben –, Gewerkschaften und Politik auf ihre Seite zu ziehen: Die Unternehmen könnten wieder vermehrt verbindliche Tarifverträge abschließen, und im Gegenzug würde der Gesetzgeber für eine vorsichtige weitere Öffnung des Arbeitsmarktes für Drittstaatsangehörige sorgen.

Heute ist es so, dass für die Beschäftigung von Drittstaatsangehörigen die Arbeitsverwaltung in vielen Fällen zuvor eine gesonderte Genehmigung erteilen muss. Es wird eine sogenannte Vorrangprüfung durchgeführt und ermittelt, ob für eine bestimmte Stelle nicht auch ein Interessent aus der Europäischen Union infrage käme. Diese Prüfung ist angesichts der schieren Größe des europäischen Arbeitsmarktes und seiner Weitläufigkeit nicht einfach. Faktisch müsste die Arbeitsagentur in Wuppertal beispielsweise prüfen, ob statt eines Arztes aus Sierra Leone nicht auch ein Mediziner aus Porto für das Kreiskrankenhaus eingestellt werden könnte. Hier könnte die vorsichtige Öffnung ansetzen. Vielleicht könnte man zunächst versuchen, dort, wo es allgemeinverbindliche Tarifverträge gibt, bei den Nicht-EU-Angehörigen die Vorrangprüfung ersatzlos zu streichen.

Der deutsche Gesetzgeber wagt bereits den Praxistest und hat, um die Integration zu erleichtern, in weiten Teilen Deutschlands für erst mal drei Jahre die Vorrangprüfung für jene Flüchtlinge ausgesetzt, die seit 2015 ins Land gekommen sind und gegenwärtig im Asylverfahren stecken. Die betroffenen Frauen und Männer sollen früh in Arbeit kommen, weil dadurch eine der wichtigsten Grundlagen bereitet wird dafür, dass sie sich in unserem Land zurechtfinden, wenn sie die Regeln und hiesigen Gepflogenheiten in der Praxis kennenlernen. Wenn sich die ersten Erfahrungen bestätigen und es keine negativen Auswirkungen auf die Arbeitsplätze von Einheimischen gibt, könnte sich die Politik erst recht trauen, komplett auf die Vorrangprüfung zu verzichten und sich auf die Kontrolle von Lohndumping zu beschränken.

Eine grundlegend neue Rahmenordnung für die Arbeitskräftezuwanderung nach Deutschland und Europa beschränkt sich aber nicht auf solche Maßnahmen. Über den Sinn eines auf den Arbeitsmarkt bezogenen Einwanderungsgesetzes gibt es folgerichtig bis heute einige Auseinandersetzungen. Ich selbst habe diese Forderung lange Zeit mit großer Skepsis betrachtet, weil ich um die vorhandenen Wege weiß, die Arbeitsmigration nach Deutschland ermöglichen. Mittlerweile bin ich aber überzeugt, dass ein eigenes Einwanderungsgesetz hilfreich wäre, um einige Fragen der Migration in unseren Arbeitsmarkt zu lösen.

Deutschland hat in den vergangenen Jahren die Möglichkeiten für die Zuwanderung von Arbeitskräften von außerhalb der Europäischen Union nach Deutschland erleichtert. Der Sachverständigenrat deutscher Stiftungen für Integration und Migration hat Deutschland bescheinigt, zu den Ländern in der Welt mit den großzügigsten Möglichkeiten zur Zuwanderung von Arbeitskräften zu gehören. Zur Wahrheit gehört aber auch: Die wenigsten, die dafür infrage kämen, wissen von diesen relativ großzügigen Möglichkeiten. Deshalb halte ich eine neue Kodifizierung für sinnvoll, denn Gesetze, die keiner kennt, ergeben nicht viel Sinn. Die Debatte bringt allerdings eine gewisse Gefahr mit sich, dass politische Kräfte versucht sein könnten, unsere heute geltenden, arbeitsmigrationsfreundlichen Regelungen wieder infrage zu stellen.

Denn nicht wenige verstehen unter einem Einwanderungsgesetz eigentlich keine Erleichterung der Arbeitskräftezuwanderung. Bestimmt werden rechtsgerichtete Kreise heftig gegen die »Einführung« von Bestimmungen polemisieren, die aktuell längst gelten. Wir sollten diese Debatte dennoch nicht scheuen, denn sie dient der demokratischen Vergewisserung, dass die (vielfach schon bestehenden) Regelungen am Ende mehrheitlich gewollt sind, mitgetragen werden – und dann auch endlich bekannter sind. Und auf diese Weise in der Praxis eine größere Rolle spielen.

Ein Einwanderungsgesetz ist aber nicht nur nötig für die vergleichsweise unkomplizierte Situation, dass ein Migrant bereits einen Arbeitsvertrag in Aussicht hat oder ein einfallsreicher Unternehmer, ambitionierter Wissenschaftler, wissbegieriger Studierender, gefragter Künstler oder erfolgreicher Sportler ist. Ein Einwanderungsgesetz muss auch die Zugänge für Männer und Frauen regeln, die sich in Deutschland erst eine Arbeit suchen wollen. Das ist der Sinn der neuerdings wieder viel diskutierten Punkte-Modelle, die seinerzeit schon die von der einstigen Bundestagspräsidentin Rita Süssmuth geleitete Kommission zur Einwanderung propagierte und die heute unter Verweis auf das kanadische Zuwanderungsrecht viel Applaus erhalten. Solche Modelle vergeben Punkte für die individuellen Bildungserfolge und Sprachkenntnisse eines Einwanderungswilligen, sie berücksichtigen die Bedürfnisse des Arbeitsmarktes und bevorzugen Branchen mit Fachkräftemangel. Auf diese Weise sollen vornehmlich Migrantinnen und Migranten ins Land gelangen, die hier tatsächlich als Fachkräfte gefragt sind. Zuletzt hat die SPD-Fraktion im Deutschen Bundestag einen solchen Vorschlag unterbreitet. Er tastet sich behutsam an diese Frage heran und will zunächst ein begrenztes Kontingent von 25 000 Plätzen für Zuwanderer über die Punktevergabe vermitteln. Das ist eine sehr überschaubare Zahl, angesichts von alleine 900 000 Arbeitskräften, die aktuell jedes Jahr aus den Mitgliedstaaten der Europäischen Union nach Deutschland kommen. Aber diese vorsichtige Herangehensweise ist sicher klug. Ein solches Gesetz bietet so die Möglichkeit, erste echte Praxiserfahrungen zu sammeln und bei späteren Entscheidungen auf diesen Erkenntnissen aufbauen zu können.

Deutschland steht dabei ein Weg offen, der vielen anderen beliebten Zuwanderungsländern versperrt ist. Deutsch ist zwar die meistgesprochene Muttersprache Europas – weltweit sprechen mehr als 100 Millionen Deutsch als Muttersprache –, aber praktisch alle von ihnen leben bereits in Europa: in Deutschland, Österreich, der Schweiz, in Italien, Frankreich, Luxemburg, Belgien, Rumänien und einigen anderen europäischen Ländern. Und alle profitieren schon jetzt von der vollen Freizügigkeit für Arbeitskräfte in der Union. Englisch, Französisch, Spanisch oder Portugiesisch sind in der Welt verbreiteter.

Es ließen sich also, ohne sofort einen Run auf Deutschland befürchten zu müssen, die Kenntnisse der deutschen Sprache in einem solchen Punktesystem stark privilegieren. Wer Deutsch auf einem hohen Niveau beherrscht, könnte die Möglichkeit bekommen, ein Visum für Deutschland zu erhalten, um dort nach einer Arbeitsstelle zu suchen. Dies könnte ein Anreiz sein für ehrgeizige Frauen und Männer, in ihrer Heimat anzufangen, die deutsche Sprache zu erlernen, was kein Nachteil sein muss. Womöglich erkennen Eltern den

Nutzen, ihre Kinder schon in der Schule zu Deutschkursen anzumelden. Damit wäre nicht nur eine Hürde bei der Suche nach Arbeit überwunden, sondern eine zentrale Voraussetzung für eine erleichterte Integration in Deutschland, nämlich die Beherrschung unserer Sprache, erfüllt, bevor diese späteren Arbeitskräfte überhaupt das erste Mal deutschen Boden betreten hätten.

Solche Punktemodelle sind für das Ziel, legale Wege der Zuwanderung zu finden und damit illegale Arbeitsmigration zu verringern, natürlich besonders relevant. Denn es gibt die Hoffnung, dass sich manche, denen legale Wege offenstehen, dadurch abhalten lassen, sich auf die ungewisse, gefährliche und illegale Reise im Boot über das Mittelmeer zu machen und dabei ihr Leben zu riskieren. Ungeachtet der tatsächlichen Erfolgsaussichten eines solchen Deutschprojekts sollte man sich aber nicht allzu große Hoffnungen machen, dass man allein damit die illegale Arbeitsmigration nach Europa eindämmen könnte.

Das zeigen auch die Erfahrungen aus anderen Ländern: Die USA haben großzügige Regelungen und verlosen jährlich Zehntausende Green Cards. Und trotzdem überqueren jeden Tag unzählige Männer, Frauen und Kinder unter Lebensgefahr illegal die streng bewachte Grenze zwischen Mexiko und den USA. Die Grenze und ihre Sicherung sorgt deshalb für politischen Streit in den Vereinigten Staaten. US-Präsident Donald Trump hat angekündigt, eine Mauer zwischen seinem Land und Mexiko errichten zu wollen, um solche illegalen Grenzübertritte künftig auszuschließen. Solange die Unterschiede im Lebensniveau und Einkommen zwischen Ländern so eklatant groß sind, wird illegale Zuwanderung immer ein Thema sein. In seinem Roman *Tortilla Curtain* (deutsche Ausgabe: *América*) beschreibt der Schriftsteller T. C. Boyle das Wohlstandsgefälle entlang der Grenze zwischen Kalifornien und Mexiko und die Folgen sehr genau.

Aber gerade weil ein realistischer Blick zeigt, dass es keine *einfachen* Lösungswege gibt, die wir nur beschreiten müssen, um die Probleme zu vermeiden, die aus dem Wohlstandsgefälle erwachsen, gilt es, die *möglichen* Wege zu wählen. Auch auf diesen Wegen werden uns Schwierigkeiten begegnen. Und manche Probleme werden uns lange begleiten. Aber wir kommen voran.

FLUCHT!

In der aktuellen Debatte über die Flucht *nach* Deutschland gerät leicht in Vergessenheit, dass vor gar nicht allzu langer Zeit für viele die Flucht *aus* Deutschland die einzige Möglichkeit war, Diskriminierung, Gewalt und Tod zu entkommen. An einen besonders dramatischen Fall erinnert eine Gedenktafel, die in Hamburg an den St.-Pauli-Landungsbrücken zu finden ist. Sie erinnert an mehr als 900 deutsche Juden, die im Mai 1939, wenige Wochen vor Beginn des Zweiten Weltkriegs, im Hamburger Hafen den Passagierdampfer *St. Louis* bestiegen in der Hoffnung, dem Terror der Nationalsozialisten noch entfliehen zu können. Im Gepäck hatten sie ihre letzten Habseligkeiten und gültige Papiere, die ihnen die Einreise in die USA und in Kuba ermöglichen sollten. Doch kaum einer von ihnen kam je dort an.

Nach der Überfahrt über den Atlantik weigerten sich die kubanischen Behörden, entgegen der Verabredung, das Schiff den Hafen anlaufen und die Flüchtlinge von Bord gehen zu lassen. Der deutsche Passagierdampfer durfte lediglich in der Bucht von Havanna ankern, denn kurz vor ihrer Landung hatten die Behörden die Einreisebestimmungen für den Karibikstaat massiv verschärft. Der Kapitän des Schiffes der Hamburger Hapag-Reederei, Gustav Schröder, versuchte alles, um seinen Passagieren die Einreise noch zu ermöglichen. Am Ende durften knapp 30 von ihnen in Kuba an Land.

Schröders Versuche, die Übrigen in nahen US-Häfen an Land zu bringen, schlugen trotz gültiger Einreisegenehmigungen komplett fehl. Zwar zeigte sich US-Präsident Franklin Roosevelt anfangs gewillt, die Passagiere der *St. Louis* aufzunehmen. Der Dampfer näherte sich bereits dem Hafen von Miami, die Lichter der Kaianlagen waren am Horizont schon auszumachen, als der US-Präsident auf öffentlichen Druck hin und wegen deutlicher Kritik aus seiner Partei sein Angebot wieder zurückzog. Das Schiff musste sich daraufhin mitsamt seinen Fahrgästen auf die Rückreise nach Europa und in eine ungewisse Zukunft machen.

Die Zustände an Bord müssen dramatisch gewesen sein, denn eine Rückkehr nach Deutschland hätte für viele Flüchtlinge den sicheren Tod bedeutet. Zwischenzeitlich versuchten die Passagiere in ihrer Verzweiflung, das Schiff in ihre Gewalt zu bringen und einen anderen Kurs durchzusetzen. Glücklicherweise wurde die Weltöffentlichkeit auf das Schicksal der Menschen auf der *St. Louis* aufmerksam. Nach schwierigen Verhandlungen kam nach einigen Tagen der erlösende Funkspruch, dass die Passagiere als Flüchtlinge Aufnahme finden würden in Belgien, Frankreich, den Niederlanden und Großbritannien. Nicht alle überlebten allerdings den Krieg, denn 254 Passagiere wurden in den kommenden Jahren bis 1945 von den Nationalsozialisten ermordet. Wären die anderen nicht aus Deutschland geflohen, hätte aber wohl niemand von ihnen überlebt.

Frauen, Männer und Kinder, die vor Krieg, Gewalt und Terror fliehen, suchen heute bei uns Schutz. Auf dem Budapester Bahnhof riefen im Spätsommer 2015 verzweifelte Flüchtlinge nach Deutschland – »Germany, Germany!«. Wer die Geschichte der *St. Louis* im Kopf hat, kann davon nicht unberührt bleiben.

Mehrere Hunderttausend Syrer sind deshalb nach Deutschland gekommen. Der brutale Bürgerkrieg in ihrem Land tobt schon lange. Sämtlichen Städten und Regionen hat er massenhaft Tod und Zerstörung gebracht. Die staatlichen Strukturen zerfallen, immer mehr unterschiedliche Gruppen sind in den Konflikt involviert, und die Zivilbevölkerung leidet massiv unter der Gewalt, sei es durch die Armee des Machthabers Baschar al-Assad, sei es durch die islamistische Terrororganisation »Islamischer Staat«.

Doch nicht nur aus Syrien stammen die Flüchtlinge, auch aus dem Irak, weiterhin eines der gewalttätigsten und gefährlichsten Länder der Welt. Durch Terroranschläge und Gewalttaten sind in den vergangenen Jahren Tausende Bewohnerinnen und Bewohner getötet worden. Man spricht von etwa 3,7 Millionen Irakern, die sich bis heute auf der Flucht befinden, mehr als die Hälfte im Übrigen findet Zuflucht innerhalb der eigenen Landesgrenzen. Die Sicherheitslage ist im Irak fast überall schlecht, am gefährlichsten ist es in den Provinzen, die unter der Kontrolle terroristischer Milizen stehen. Auch hier wütet der Terrorismus des IS, werden Unzählige wegen ihres Glaubens verfolgt.

Der Krieg in Syrien und Irak ist eine riesige humanitäre Herausforderung, vermutlich die größte, die Europa seit dem Zweiten Weltkrieg trifft. Was gegenwärtig in Syrien und dem

Irak passiert, lässt den Bürgerinnen und Bürgern dort nicht die geringste Möglichkeit, auch nur das kleinste Puzzleteil an Lebensglück zu fassen. Wie ein Paradies erscheint dagegen Europa mit Rechtssicherheit und Demokratie.

Europa und Deutschland sind mit den hohen Flüchtlingszahlen herausgefordert, doch die Staaten des Nahen Ostens, Libanon, Jordanien und die Türkei stemmen die Hauptlast dieser Fluchtbewegung. Mehr als vier Millionen Syrer und Iraker haben dort Aufnahme gefunden – oft mit viel zu wenig humanitärer wie finanzieller Unterstützung des Westens. Wenn die Zustände in den Flüchtlingscamps in den Grenzgebieten immer schlechter werden, darf man sich nicht wundern, dass die Bewohnerinnen und Bewohner aufbrechen, um anderswo eine bessere Zukunft zu finden. Insoweit gibt es dort doppelte Fluchtursachen, den Bürgerkrieg zum einen, die Hoffnungslosigkeit und die üblen Zustände in den völlig überfüllten Flüchtlingslagern zum anderen. Wenn die Länder der westlichen Welt, allen voran die Staaten der Europäischen Union, ihre Beiträge an das Flüchtlingshilfswerk der Vereinten Nationen (UNHCR) sowie die versprochenen Hilfsmittel bei den verschiedenen Geberkonferenzen für Syrien ordentlich geleistet hätten, statt die finanzielle Unterstützung für die Flüchtlingscamps zu vernachlässigen, wäre die Lage vor Ort nicht ganz so aussichtslos geworden. Eine kurzsichtige Politik führt langfristig zu hohen Folgekosten.

Mehr und mehr Frauen, Männer und Kinder fliehen auch aus Afghanistan nach Europa. Wir kennen die tragische und gewalttätige Geschichte des Landes, über das jahrzehntelang immer andere bestimmt haben und wo das Leben und die Rechte der Bewohnerinnen und Bewohner einen so geringen Wert zu haben scheinen. Nach dem Rückzug der Internationalen Schutztruppe ISAF ist die Sicherheitslage in vielen Landesteilen wieder sehr instabil geworden, und es zeigt sich deutlich, dass unsere Hoffnungen auf einen Frieden am Hindukusch übereilt waren.

Die Konflikte in Syrien, dem Irak und Afghanistan kennen wir aus den Abendnachrichten, sie sind uns geläufig. Anders sieht es in Eritrea aus, von wo aus nun auch viele Flüchtlinge in Mitteleuropa eintreffen. Dort herrscht eine präsidiale Diktatur ohne jede Gewaltenteilung, und das Land befindet sich seit Jahren in einem heftigen Grenzkonflikt mit Äthiopien. Die Gesellschaft ist weitgehend militarisiert, Grundrechte können so gut wie überhaupt nicht wahrgenommen werden, es gibt Sondergerichte, und zahlreiche Regimekritiker werden ohne rechtsstaatliche Verfahren verhaftet und an geheimen Orten inhaftiert.

Lange Zeit haben wir das Leid all dieser Flüchtlinge nur aus der Ferne verfolgt; viele sind nun nach Deutschland gekommen, um hier erst einmal sicher zu sein. Und wir Deutschen haben die Flüchtlinge mit offenen Armen empfangen. Es war und ist beeindruckend, das Engagement so vieler zu sehen, die Kleider sammeln, Sprachkurse geben, beim Verteilen von Essen helfen oder einfach als geduldige Gesprächspartner bereitstehen.

Uns allen ist klar: Viele Flüchtlinge werden auf absehbare Zeit bei uns bleiben. Denn sie können berechtigte Gründe vorweisen, um hier Schutz und Asyl zu finden. Mögen darunter auch manche sein, die vor allem auf der Suche nach einem besseren Leben kommen und wieder gehen müssen, so ist doch abzusehen, dass das Gros der Flüchtlinge bei uns einen Schutzstatus erhalten wird. Dies ist unsere Pflicht, die sich aus internationalen Vereinbarungen, aus dem Völkerrecht und aus unserem Grundgesetz ableitet.

Natürlich trägt Deutschland nicht allein die Verantwortung für die Flüchtlinge. Geht es um die Flüchtlinge aus Syrien und dem Irak, sind es zunächst die unmittelbaren Anrainer Jordanien, Libanon und die Türkei, überdies Saudi-Arabien und der Iran. Und, nicht zu vergessen, die USA, deren fatale Entscheidung, im Jahr 2003 in den Irak einzumarschieren, eine zentrale Ursache für die Gewalt, das Chaos und die daran anschließenden Flüchtlingsströme aus dieser Region ist. Nicht alle Staaten werden ihrer Verantwortung bislang gerecht. Die Hauptlast tragen nach wie vor Jordanien, Libanon und die Türkei, die noch mehr Unterstützung der internationalen Staatengemeinschaft verdient haben. Aber auch die Europäische Union muss sich verstärkt und vor Ort um die Flüchtlinge kümmern, die noch gar nicht nach Europa unterwegs sind, sondern sich in den Flüchtlingslagern in der Region aufhalten.

Mit der Türkei hat die Europäische Union im Frühjahr 2016 eine Vereinbarung getroffen, die vielfach kritisiert wird. Dennoch ist sie richtig, weil sie den Schleusern das Geschäft mit dem Leid verdorben und Tausende Flüchtlinge davon abgehalten hat, sich auf die lebensgefährliche Reise über das Mittelmeer zu begeben. Die Zahl der Schiffbrüchigen in der Ägäis ist seither massiv zurückgegangen, und dank der EU-Zahlungen in Milliardenhöhe an die Türkei haben sich Ausstattung und Versorgung in den dortigen Flüchtlingslagern deutlich verbessert. Einigen Flüchtlingskindern wird jetzt die Möglichkeit eröffnet, in der Türkei eine Schule zu besuchen. Flüchtlinge bekommen bessere Zugänge zum Arbeitsmarkt. All das sollte bei der Kritik am Vertragspartner, der Türkei, nicht aus dem Blick geraten. Viele sorgen sich nicht ohne Grund um die Entwicklung der Demokratie in der Türkei. Aber bei der Vereinbarung zwischen der EU und der Türkei geht es in erster Linie um die Sicherheit und Versorgung der Flüchtlinge. Deshalb ist zu hoffen, dass diese Verständigung hält.

Die Vereinbarung mit der Türkei ist aber kein Ersatz für ein gemeinschaftliches Handeln der EU-Mitglieder. Für eine Union mit 500 Millionen Bürgerinnen und Bürgern wäre es keine große Sache, pro Jahr eine Million Flüchtlinge aufzunehmen, zu versorgen und zu integrieren. Schwieriger wird die Angelegenheit allerdings, wenn nur sehr wenige Staaten bereit sind, ihrer Verantwortung gerecht zu werden – wie lange Zeit vor allem Österreich, Schweden und Deutschland. Und peinlich wird es, wenn die EU-Staaten die mühsam ausgehandelten, sehr niedrigen Quoten zur Verteilung von gerade einmal ein paar Tausend Flüchtlingen völlig ignorieren.

Wenn die EU als politischer Akteur in der Welt künftig wirklich ernst genommen werden will, müssen die Mitglieder zu einer gemeinsamen Lösung kommen. Das ist nicht nur eine Frage der europäischen Solidarität, sondern der europäischen Identität. Das Nicht-Handeln der Europäischen Union in dieser Frage erinnert ein bisschen an die Irrfahrt der *St. Louis* anno 1939, als Kuba und die Vereinigten Staaten ihrer humanitären Verantwortung nicht gerecht geworden sind. Heute sollten wir weiter sein.

Die Aufnahme und Versorgung von Flüchtlingen ist das

Gebot der Stunde, aber es enthebt uns nicht der Aufgabe, den Friedensprozess in Syrien und dem Irak voranzubringen. Frank-Walter Steinmeier hat als Außenminister gemeinsam mit seinen Kollegen in dieser Sache viel versucht, ohne dass sich bislang ein greifbarer Erfolg eingestellt hat. Insbesondere die russische Regierung unter Präsident Wladimir Putin hat ihre Hilfe für das Assad-Regime nie wirklich infrage gestellt, womit internationale Initiativen innerhalb der Vereinten Nationen zum Scheitern verurteilt gewesen sind. Ein Ende der Gewalt ist die zentrale Voraussetzung dafür, dass Menschen nicht mehr länger fliehen. Was gegenwärtig in Syrien und Irak passiert, erinnert in seinen Ausmaßen stark an den Dreißigjährigen Krieg in Europa: Hunderttausende Tote, Millionen Menschen auf der Flucht vor Krieg, Gewalt und Vertreibung, Privatarmeen und fremde Streitkräfte kämpfen auf dem Territorium dieser Staaten. Viel Anlass zur Hoffnung auf eine schnelle Besserung der Situation bietet sich nicht.

Europa kann die vielfältigen Konflikte heute weder als moralisches Vorbild noch durch militärische Macht schnell befrieden. Es wird viel Zeit und immense Anstrengungen brauchen, um die Gründe dauerhaft zu beseitigen, die im Nahen Osten, in Arabien und Afrika viele Menschen dazu bringen, aus Furcht um Leib und Leben ihre Heimat zu verlassen und all ihre Hoffnung auf Europa zu setzen. Es gibt aber keine Abkürzung, keinen gordischen Knoten, den man einfach durchschlagen könnte, und die Schwierigkeiten wären gelöst. Die Welt steht vor einem mühsamen Weg. Gerade weil die Fluchtursachen mittelfristig kaum verschwinden werden, muss sich Europa gründlich Gedanken darüber machen, wie es mit den Schutzsuchenden umgehen will – ohne seine eigenen Werte zu verraten. Flucht und Migration in die Europäische Union sind eine neue Wirklichkeit des 21. Jahrhunderts, mit der auch unser Land auf absehbare Zeit konfrontiert sein wird.

ASYL UND EUROPA

Die Mitgliedstaaten der Europäischen Union haben seit Abschluss der Römischen Verträge über Jahrzehnte hinweg große Anstrengungen unternommen, um die Grundlagen für einen gemeinsamen Binnenmarkt zum Austausch von Waren und Dienstleistungen und zum freien Güterverkehr zu schaffen. Eine engere politische Zusammenarbeit in Europa war der zweite große Strang der Bemühungen. Unverständlicherweise wurde lange kaum ein Augenmerk auf eine einheitliche Position gegenüber der Aufnahme von Flüchtlingen und Asylbewerbern gelegt. Dies blieb in der alleinigen Zuständigkeit der Nationalstaaten. Erst Anfang der neunziger Jahre gab es substanziellere Versuche, einen gemeinsamen Ansatz in der Europäischen Union für die Flüchtlingspolitik zu formulieren.

Mit dem Vertrag von Amsterdam schaffte die EU im Jahr 1997 zumindest die rechtlichen Voraussetzungen für eine einheitliche Flüchtlings- und Asylpolitik. Das ganze Unionsgebiet sollte »ein gemeinsamer Raum der Freiheit, der Sicherheit und des Rechts« werden. Damit sollten schrittweise auch überall die gleichen rechtsstaatlichen Standards sowie Verfahren eingeführt werden. In einer ersten Phase sollten alle EU-Mitglieder die Standards der Genfer Menschenrechtskonvention in ihr nationales Recht übernehmen sowie den Grundsatz der Nichtzurückweisung beherzigen. Seither wurden immer wieder neue europäische Programme aufgelegt, um die Asyl- und Flüchtlingspolitik der Union weiterzuentwickeln. Mal mit mehr, mal mit weniger Erfolg. Sie tragen gerne die Namen der europäischen Tagungsorte, in denen sie beraten und beschlossen wurden, beispielsweise Tampere oder Den Haag.

Ein zentraler Baustein der EU-Asylpolitik ist das nach der Stadt Dublin benannte Verfahren. Es unterstellt, dass überall in der Union die gleichen Standards und das gleiche Schutzniveau gelten. Von dieser Annahme ausgehend verlangt die Dublin-Vereinbarung, dass Flüchtlinge in dem ersten Staat der Europäischen Union, in den sie einreisen, ihren Flüchtlingsstatus klären lassen müssen. Damit soll vermieden werden, dass in mehreren Ländern gleichzeitig Asylverfahren betrieben werden oder dass Flüchtlinge nacheinander solche Verfahren in mehreren Staaten anfangen. Aber auch, dass sich am Ende kein Staat zuständig fühlt. Eine gemeinsame europäische Datei soll für den Informationsaustausch sorgen.

Für eine ganze Reihe von EU-Staaten, die über keine oder nur eine sehr kurze EU-Außengrenze verfügen, ist diese Regelung sehr vorteilhaft: Es kann nämlich kaum ein Flüchtling oder Asylbewerber bei ihnen erfolgreich um Schutz bitten, weil für den Schutz rechtlich ja bereits andere EU-Staaten zuständig sind. Das Brüsseler Bündnis verlagerte damit lange Zeit die Hauptlast für die gemeinsame Asyl- und Flüchtlingspolitik auf die Staaten im Süden der Union, also auf Griechenland, Italien, das kleine Malta, Spanien und Portugal. Nach Deutschland können Asylbewerber nach dem Konzept des Dublin-Verfahrens eigentlich nur als Passagiere in Flugzeugen oder als (blinde) Passagiere mit Schiffen einreisen, weil sie auf dem Landweg immer irgendeinen EU-Staat durchqueren müssen, in den die Antragsteller dann wieder zurückzuschicken sind, um dort ihr Verfahren zu betreiben. Natürlich fanden sich trotzdem auf wundersame Weise immer wieder auch hierzulande Asylbewerber ein, die in keinem anderen EU-Land zuvor registriert worden waren und bei denen sich oft nicht mehr nachvollziehen ließ, welche Reiseroute sie genommen hatten. Sie durchliefen dann in der Bundesrepublik ihr Verfahren – dies waren im Jahr 2009 beispielsweise etwa 30 000 Fälle.

Die EU-Flüchtlingspolitik fußt also auf geographischen Zufällen – die Mitgliedsländer im Norden und Westen der Union sowie jene ohne eigene Außengrenzen profitierten sehr von dieser Regelung, die Grenzländer im Süden mussten die Hauptlast der Migration schultern. Und lange Zeit hielt es kaum ein Land der Europäischen Union für geboten, Griechenland, Italien, Malta, Spanien oder Portugal wegen der in ihren Ländern ankommenden Flüchtlinge zu unterstützen, auch Deutschland nicht.

Auch als Madrid und Lissabon dies wiederholt in den europäischen Gremien einforderten, als sich die Migrationsströme zunächst auf Spanien und Portugal konzentrierten, konnten sie nicht auf die Unterstützung anderer europäischer Länder setzen. Unter Verweis auf das geltende Dublin-Verfahren wurde die Thematik in Brüssel und anderen europäischen Hauptstädten als iberisches Problem des Grenzschutzes betrachtet. Spanien blieb nichts anderes übrig, als mit strikten Kontrollen auf See und sehr viel höheren Zäunen um die Exklaven in Nordafrika herum Migranten und Schlepper abzuschrecken. Nicht viel anders erging es Italien und Griechenland, als Menschen immer häufiger an der libyschen Küste kaum seetüchtige Kähne bestiegen, um sich auf die lebensgefährliche Überfahrt in Richtung Norden zu machen. Die Hilfsmission »Mare Nostrum« der italienischen Marine, die wenige Kilometer von der nordafrikanischen Küste patrouillierte und häufig Flüchtlinge von den maroden Seelenverkäufern rettete, stieß von Anfang an im Europäischen Rat sogar auf Kritik, eine finanzielle Beteiligung an der Mission lehnten viele EU-Staaten ab, sodass die Mission am Ende eingestellt werden musste, weil Frontex sie nicht übernehmen durfte.

Das sich langsam abzeichnende Flüchtlingsdrama an der Südgrenze der Europäischen Union wollte über Jahre hinweg niemand so recht wahrhaben. Es passte nicht zum europäischen Selbstverständnis als *moral superpower*, die durch klare ethische Festlegungen und eigenes Beispiel weltweit politikprägend sein will. Erst als das Dublin-System unter dem schieren Druck der Flüchtlingszahlen im Jahr 2015 faktisch kollabierte und sich eine sehr große Zahl von Flüchtlingen quer durch Ost- und Mitteleuropa bewegte, rief Deutschland laut nach der Solidarität der anderen EU-Staaten – und sah und sieht sich eigentlich bis heute mit einer ähnlich gleichgültigen Reaktion konfrontiert. In vielen Hauptstädten dominiert die Haltung, es handele sich doch um ein Problem der Deutschen. Bitter rächt sich, dass die Staaten der EU, einschließlich Deutschland, so lange in ihrer Asylpolitik auf das Sankt-Florian-Prinzip setzten, statt ein einheitliches und gerechtes System zu etablieren, das tatsächlich alle Staaten der Europäischen Union einbezieht.

Im Spätsommer 2015 ist die Frage des Umgangs mit Flüchtlingen mit neuer Dringlichkeit ins Zentrum der europäischen Politik gerückt. Selbst dem größten Ignoranten musste angesichts der Fernsehbilder klar sein, dass das Dublin-System in eine Krise geraten war und dringender Reformbedarf besteht.

Die Auseinandersetzung über den neuen Kurs wird seitdem immer wieder mit großer Härte ausgetragen. Deutschland, Österreich und Schweden haben sehr viele Flüchtlinge aufgenommen und argumentieren aus dieser moralischen Position heraus für eine gerechtere Verteilung der Flüchtlinge auf alle EU-Mitgliedstaaten. Die meisten anderen EU-Länder lehnen jede Form der Verantwortung für die Flüchtlinge ab und kritisieren ihrerseits die Bundesregierung für ihre Bereitschaft, die Schutzsuchenden aufzunehmen und damit die Bedingungen des Dublin-Verfahrens zu ignorieren. Schweden und Österreich haben inzwischen ihre Grenzen weitgehend geschlossen. Auch nach Deutschland sind im Jahr 2016, nachdem Mazedonien, Bulgarien, Ungarn und mehrere Balkanstaaten ihre Grenzen für Schutzsuchende nahezu unpassierbar gemacht haben und nach der Vereinbarung der EU mit der Türkei, deutlich weniger Flüchtlinge gekommen als im Jahr zuvor. Nach Angaben des Bundesamts für Migration und Flüchtlinge waren es 280 000 Frauen, Männer und Kinder, was der dritthöchste Wert der vergangenen Dekade war.

Wenn Europa eine angemessene Antwort auf die Fluchtmigration geben will – und das muss es tun –, kann das nur gemeinsam und solidarisch gelingen. Eine solche gemeinsame Verantwortung ist bislang aber höchstens in Ansätzen zustande gekommen. Das ist nicht gut, weil es einen Rückzug hinter die (nationalen) Grenzen befördert. Es ist an der Zeit, dass in allen Hauptstädten der Europäischen Union die Einsicht wächst, dass es einer einheitlichen und abgestimmten Position der EU gegenüber der Fluchtmigration bedarf.

Es wäre klüger gewesen, wenn Deutschland schon vor Jahren, als die Flüchtlinge in den südeuropäischen Ländern über die Meerenge von Gibraltar oder das Mittelmeer kamen, solidarische Hilfe angeboten hätte. Es war zu spät, europäische Solidarität erst dann einzufordern, als sich Deutschland selbst mit einem Flüchtlingsstrom konfrontiert sah, der mehr als eine Million Menschen über die Balkanroute zu uns führte. Es hilft aber nichts, dies jetzt lauthals zu beklagen, sondern wir müssen mit der Situation umgehen und neue belastbare Verfahren entwickeln.

Die mittel- und osteuropäischen Staaten, die sich teils vehement gegen die Zuteilung von Flüchtlingen in der Gemeinschaft wehren, haben zwar recht, wenn sie sagen, sie seien nicht das Ziel der Flüchtlinge, sondern aus deren Perspektive nur Transitländer. Die meisten Flüchtlinge wollen in die wirtschaftlich erfolgreichen Staaten in der Mitte oder dem Norden und Westen Europas. Trotzdem wären auch sie klug beraten, sich solidarisch zu zeigen. Denn die Staaten, deren Bürgerinnen und Bürger in großem Maße von der Freizügigkeit für Arbeitskräfte in der Europäischen Union profitieren, müssen erkennen, dass die Medaille der europäischen Freizügigkeit eine Kehrseite hat: eine gemeinsame Außengrenze und eine gemeinsame Politik zur Aufnahme von Flüchtlingen.

Wie aber könnte eine solche gemeinsame Verantwortung praktisch aussehen? Eine mögliche Alternative zum geogra-

phischen Zufall und der einseitigen Belastung der Grenzländer könnte ein EU-weiter fester Verteilungsschlüssel sein,
ähnlich wie in Deutschland, wo es schon lange einen Schlüssel
zur Verteilung der Flüchtlinge auf die 16 Bundesländer gibt.
Dieser Schlüssel könnte bestimmte Kriterien wie Einwohnerzahl, Wirtschaftskraft und Arbeitsmarkt berücksichtigen und
dann Quoten zur Verteilung von Flüchtlingen definieren. Der
Sachverständigenrat deutscher Stiftungen für Integration und
Migration hat Wege zu einer fairen »Lasten«-Teilung nach
einem solchen Quotenmodell aufgezeigt. Seine Berechnun-
gen ergäben für Deutschland gegenwärtig die Verpflichtung,
etwa 16 Prozent aller in Europa eintreffenden Flüchtlinge aufzunehmen.

Bei allen Vorteilen, die ein solches Quotenmodell in sich
birgt, gehört zur politischen Wahrheit auch dazu, dass es auf
absehbare Zeit nicht sehr wahrscheinlich ist, einen Konsens
darüber unter den Mitgliedern der Europäischen Union her-
beizuführen, weil es für die Mehrzahl der Länder bedeuten
würde, dass sie mehr Flüchtlinge bei sich aufnehmen müssten,
als sie das bisher tun. Eine zweite Schwäche dieses Modells
ist das bestehende Wohlstandsgefälle innerhalb der EU: Zwar
sind auch in Deutschland die Lebensverhältnisse nicht überall genau gleich – doch die Unterschiede, die Asylbewerber
spüren würden, wenn sie in Bremen oder Ingolstadt ihr Verfahren durchlaufen, fallen kaum ins Gewicht. Ganz anders
sieht das aus, wenn man die Lebensumstände in Amsterdam
mit denen in Sofia vergleicht.

Es ist aber auch keine praktikable Lösung, wenn sich jeder Flüchtling, der die EU-Grenze überschreitet, selbst sein
Zielland aussuchen kann. Die Forscher des Sachverständigen-

rats verweisen auf die Gefahr des *moral hazard*, der einzelne Staaten dazu verleiten könnte, die Bedingungen für die Aufnahme und Unterbringung von Flüchtlingen in ihren Ländern besonders unangenehm zu gestalten, um Asylbewerber von ihrem Land abzuschrecken. Die Gefahr ist nicht abstrakt, sondern konkret. Genauso geht heute die ungarische Regierung von Viktor Orbán vor.

Wenn aber ein EU-weites festes Quotenmodell erst mal nicht durchsetzbar ist, müssen wir vielleicht auf positive Anreize setzen, um die Blockade innerhalb der Europäischen Union in der Flüchtlingspolitik zu überwinden und doch noch zu einer gemeinsamen Verantwortungsteilung zu gelangen. Dazu zwei Ideen:

Erstens: Vielleicht wächst die Bereitschaft in manchen bisher wenig kooperativen EU-Staaten, Flüchtlinge aufzunehmen, wenn Europa das Konzept der Freizügigkeit – auf die Flüchtlinge angepasst – nutzt. Gegenwärtig ist es so, dass Flüchtlinge nach ihrer Anerkennung für fünf Jahre in ihrem Aufnahmeland bleiben müssen, bevor auch für sie die Arbeitnehmer-Freizügigkeit gilt und sie sich auch in einem anderen EU-Land nach einem Job umgucken können. Die Folge ist, dass viele versuchen, ohne in einem anderen Land registriert worden zu sein, direkt nach Deutschland oder andere wirtschaftlich starke Länder zu gelangen. Denn sie haben ein Interesse daran, in einem Land Asyl zu beantragen, wo nach der Anerkennung die Jobaussichten gut sind. Diese fünfjährige Wartefrist für Flüchtlinge ist natürlich keine Schikane, sondern soll die Zuwanderung in attraktivere Sozialstaaten und deren soziale Sicherungssysteme verhindern. Nach der Wartefrist ist die Wahrscheinlichkeit gering, dass ein anerkannter Flüchtling in einen anderen EU-Staat wegen der Aussicht auf bessere Sozialleistungen umzieht. Genau wie bei freizügigkeitsberechtigten EU-Bürgern ist der Anspruch auf Sozialleistungen an längere vorherige Beschäftigungszeiten geknüpft. Das Prinzip entspricht dem bereits dargelegten Vorgehen bei der Freizügigkeit von EU-Bürgern. Auf diesem System aufbauend, kann man EU-weit die Wartefrist vorsichtig verkürzen. Ein irakischer Asylbewerber, der in Rumänien sein Verfahren durchläuft und dort anerkannt wird, kann sich nach Österreich, Deutschland oder Frankreich begeben und dort einen Job suchen. Bleiben und leben kann er da, wenn er Arbeit findet, sonst nicht. Es macht für diese wirtschaftlich starken Länder also keinen großen Unterschied, dass er das früher und nicht erst nach fünf Jahren versuchen kann. Die Mitgliedsländer, die eine gemeinsame Verantwortung für Flüchtlinge bislang mit dem Hinweis ablehnen, man sei ja nur Transitland und die Flüchtlinge wollten weiterziehen, hätten aber ein Argument weniger auf ihrer Seite, weil sie hoffen können, dass ein Teil der von ihnen anerkannten Flüchtlinge woanders eine berufliche Perspektive findet.

Die zweite Idee: Bislang setzt das Dublin-Verfahren falsche Anreize für die Grenzstaaten der Europäischen Union wie für die Flüchtlinge. Diese Staaten haben einen Vorteil davon, Flüchtlinge nicht in ihrem Land zu registrieren, weil sie dann auch nicht für sie zuständig werden. Und Flüchtlinge wollen dort vielfach ebenfalls nicht registriert werden, um in das eigentliche Zielland gelangen zu können. Die Folge waren lange Zeit nicht registrierte und vielfach auch unkontrollierte Flüchtlingswanderungen nach Norden. An den Grenzstationen wurden viele Flüchtlinge einfach durchgewunken. Mittlerweile hat sich die Registrierungspraxis in den Grenzstaaten erheblich verbessert. Wenn allerdings immer noch Hunderttausende erstmalig in Deutschland registriert werden, beschreibt das, wie problematisch die Lage weiterhin ist.

Mit den europäischen Relocation-Programmen haben sich einige Mitgliedsländer bereit erklärt, Flüchtlinge, die in Griechenland oder Italien angekommen sind, aufzunehmen. Allein Deutschland hat im Rahmen mehrerer Programme sein Einverständnis zur Umsiedlung (Relocation) von insgesamt mehreren Zehntausend Asylbewerbern aus diesen Ländern erklärt. Sie sollen in kleineren Monatskontingenten kommen. Diese Umsiedlung ist angelaufen, gelingt allerdings noch nicht ohne Hürden.

Aus den Erfahrungen mit den Relocation-Programmen kann vielleicht ein dauerhaft belastbares Konzept entwickelt werden, dass das Dublin-Verfahren in der EU tragfähiger macht. Im klaren Bewusstsein, dass die Staaten an der EU-Grenze die Flüchtlingsfrage nicht allein werden lösen können, könnten attraktive Binnenländer wie Deutschland, Schweden, die Niederlande und andere ihren Teil der Verantwortung übernehmen, indem sie feste Kontingente benennen für die Aufnahme von anerkannten Flüchtlingen aus den Grenzstaaten. Länder wie Griechenland und Italien hätten damit einen Anreiz, die Migranten zu registrieren und zügig die Asylverfahren durchzuführen. Die Aufnahmestaaten wären von diesen Verfahren entlastet, bekämen anerkannte Flüchtlinge in ihre Länder und könnten augenblicklich mit deren Integration beginnen. Die Flüchtlinge könnten hoffen, in eines ihrer bevorzugten Zielländer zu gelangen. Und die Europäische Union würde in der Flüchtlingsfrage endlich solidarisch handeln. Das könnte sich in dem nicht völlig auszuschließenden Fall, dass in den nächsten Jahren abermals eine große Flüchtlingsbewegung auf Mitteleuropa zusteuert, als sehr hilfreich erweisen.

Weitere Schritte müssen folgen. Es ist vernünftig, dass die EU-Kommission ein vereinheitlichtes EU-Verfahren zur Beurteilung von Anträgen auf internationalen Schutz etablieren will. Damit sollen auch Unterschiede zwischen den Mitgliedstaaten bei den Anerkennungsquoten beseitigt und Verfahrensgarantien für Asylbewerber gewährleistet werden. Es ist auch in deutschem Interesse, dass Asylbewerber nicht deshalb bestimmte Mitgliedsländer zu umgehen versuchen, weil sie dort kein faires Verfahren erwarten. Ein nächster Schritt müsste sein, auch die Regelungen für die Frage der sicheren Herkunfts- oder Drittstaaten innerhalb der EU einheitlich zu handhaben – Regionen also, in denen aus Sicht der Europäischen Union davon ausgegangen werden kann, dass keine Verfolgung herrscht oder die Betroffenen sich bereits in Sicherheit befunden haben. Nationale Einzelregelungen machen in einem harmonisierten, vereinheitlichten EU-Verfahren keinen Sinn.

Eine der großen Herausforderungen für die EU wird es sein, dass sie es erreicht, dass abgelehnte Asylbewerber auch wieder in ihre Heimatländer zurückkehren. Das gehört zum Konzept des Asylrechts unabdingbar dazu. Da viele der Abgelehnten keine Pässe (mehr) haben, muss die EU mit deren Regierungen verhandeln, damit die ihre Bürger wieder aufnehmen. Weil ihr das nicht mit allen gelingen wird, kann sie zu erreichen versuchen, dass einige auch die Bürger benachbarter Staaten bei sich einreisen lassen. Die Aufgabe, die

Rückkehr abgelehnter Asylantragsteller durchzusetzen, die keine Papiere haben, stellt sich auch für die deutsche Politik, wie ich später darlegen werde.

Um Flüchtlinge, die vor Krieg, Terror und Verfolgung fliehen, davon abzuhalten, dass sie illegal die europäischen Grenzen überschreiten, braucht es mehr und großzügigere finanzielle Unterstützung des Flüchtlingshilfswerks UNHCR und von Flüchtlingscamps in der Nähe der Krisengebiete. Zwar ist die Unterstützung für die Camps in Jordanien, im Libanon und in der Türkei massiv ausgeweitet worden, nachdem sich so viele Flüchtlinge von dort nach Europa aufgemacht hatten. Wie wir wissen, war das aber zu spät. Und eine wirkliche Neuausrichtung der EU-Politik dahin, dass angesichts von 60 Millionen Flüchtlingen in der Welt durch Unterstützung vor Ort in den Camps ein Beitrag zur Stabilisierung geleistet wird, steht noch aus. Es würde dem humanitären Anspruch Europas entsprechen, sich hier deutlich stärker zu engagieren. Und es würde Europa auch nützen, wenn dadurch weniger Flüchtlinge sich aus Not auf eine zweite Flucht, dann nach Europa, begäben.

Zu einem solchen Konzept gehören auch Programme, mit denen Flüchtlinge direkt aus Flüchtlingscamps in Europa aufgenommen werden. Das kann auch zur Entspannung einer dramatischen Lage vor Ort beitragen, auch wenn das sicher nur ein – auch zahlenmäßig eher kleiner – Aspekt einer europäischen Strategie sein kann. Solch ein Resettlement ist aktuell von der EU mit der Türkei vereinbart worden, damit Flüchtlinge aufgrund dieser Aussicht nicht mehr mit Booten die Ägäis überqueren. Kanada oder die USA haben in der Vergangenheit immer mal wieder solche Neuaufnahmeprogramme aufgelegt. Die Europäische Union sollte ein eigenes Konzept entwickeln und in den Katalog ihrer Strategien aufnehmen.

Wichtig ist es, dass die Mitgliedsländer der Europäischen Union und ihre zentralen Institutionen in Brüssel die gegenseitige Lähmung in der Frage einer gemeinschaftlichen Asyl- und Flüchtlingspolitik überwinden. Gegenseitige Vorwürfe und moralische Appelle, so angebracht sie im Einzelnen auch sein mögen, bringen die Länder Europas in dieser Frage nicht weiter. Niemand sollte die Größe der Aufgabe, die Europa wegen der Fluchtmigration unverändert zu lösen hat, unterschätzen. Gewiss ist, dass es keine langfristig erfolgreiche einzelstaatliche Problemlösung geben wird. Die EU muss zu einer gemeinsamen, belastbaren und solidarischen Linie in der Flüchtlingspolitik finden – sonst kann sie scheitern. Und zwar nicht nur in der Flüchtlingspolitik.

ASYL IN DEUTSCHLAND

Das Grundgesetz der Bundesrepublik hat eine Besonderheit. Als eine der wenigen Verfassungen in der Welt gewährt es politisch Verfolgten einen gerichtlich durchsetzbaren Anspruch auf Asyl. Andere Staaten gewähren Asyl nur aufgrund von Verpflichtungen wie der Genfer Flüchtlingskonvention oder der Europäischen Charta der Menschenrechte. Hintergrund dieser besonderen Regelung in unserer Verfassung ist die historische Erfahrung mit der nationalsozialistischen Unrechtsherrschaft, als Millionen vor Gewalt, Verfolgung und Völkermord fliehen mussten und auf die Unterstützung der europäischen Nachbarn und der USA angewiesen waren.

Das Grundrecht auf Asyl war in der Bundesrepublik lange unumstritten und funktionierte gut. Dies änderte sich erst, als zum Ende der achtziger Jahre und zu Beginn der neunziger Jahre die Zahl der Asylbewerberinnen und Asylbewerber in Deutschland erheblich zunahm. Im Jahr 1992 überschritt die Zahl der Anträge erstmals die Marke von 400 000. In einer aufgeregten und politisch sehr kontroversen Debatte einigten sich Bundestag und Bundesrat im Jahr 1993 darauf, das Grundgesetz zu ändern.

Der Grundgesetzartikel 16 wurde verändert in den heute gültigen Artikel 16a. Die wesentliche Neuerung bestand in drei Punkten: Das Konzept der sicheren Drittstaaten wurde eingeführt. Es besagt, dass wer aus einem dieser Länder nach Deutschland einreist und um Asyl ersucht, zuständigkeitshalber an diesen Staat zurückverwiesen wird, um dort sein Anliegen vorzutragen. Alle deutschen Nachbarländer sind heute solche sicheren Drittstaaten, aber noch einige weitere Staaten. Als Zweites wurde das Prinzip der sicheren Herkunftsländer eingeführt. Das sind Länder, aus denen erfahrungsgemäß nur sehr wenige Antragsteller anerkannt werden. Da das Asylrecht im Grundgesetz einen individuellen Anspruch schafft, können Asylsuchende aus sicheren Herkunftsländern trotzdem vor Gericht ihre gesonderten Asylgründe darlegen, allerdings in einem beschleunigten Verfahren. Drittens wurde ein eigener Status für Flüchtlinge geschaffen, die sich voraussichtlich nur vorübergehend im Land aufhalten würden und einen sogenannten nachgeordneten (»subsidiären«) Schutzstatus erhalten, weil ihnen bei einer Rückkehr in ihre Heimat Gefahr droht.

Die Grundgesetzänderung verfehlte ihre Wirkung nicht. In den folgenden Jahren nahm die Zahl der Asylbewerber kontinuierlich ab. Im Zuge des Bürgerkriegs im früheren Jugoslawien wuchsen zwischenzeitlich zwar die Flüchtlingszahlen, doch seit der Jahrtausendwende gingen beide Werte weit zurück und pendelten sich auf niedrigem Niveau ein. Kritiker behaupteten in der Debatte über die Asylrechtsänderung 1993, es handele sich damit um die faktische Abschaffung des Grundrechts auf Asyl. Das war damals schon nicht wahr, erwies sich aber spätestens in den Jahren seit 2013 als gänzlich

falsch, als die Zahl der Asylbewerberinnen und Asylbewerber in Deutschland wieder sprunghaft anstieg. Seit 2014 hat
Deutschland nach aktuellen Schätzungen mehr als 1,5 Millionen Schutzsuchende aufgenommen.

Von diesen Größenordnungen wurden alle Verantwortlichen überrascht. Man muss eingestehen, dass die deutsche
Verwaltung, die weltweit für ihre Effizienz bewundert wird,
auf diese hohe Zahl von Schutzsuchenden einfach nicht vorbereitet war. Schnell zeigte sich zudem, dass auch unsere rechtlichen Regelungen und Verfahren den neuen Anforderungen
nicht gewachsen waren. Das Bundesamt für Migration und
Flüchtlinge, das für die Durchführung und Entscheidung der
Asylverfahren zuständig ist, war vollkommen unterbesetzt
und verfügte über eine veraltete IT-Infrastruktur, die die Aufgabe nicht bewältigen konnte. Die Bundesregierung beharrte
monatelang auf viel zu niedrigen Zuwanderungsprognosen
und verschenkte damit wichtige Zeit. Die Erstaufnahmeeinrichtungen in den Ländern waren für eine solch hohe Zahl
von Flüchtlingen nicht ausgestattet.

All dies zusammen hat dazu geführt, dass Deutschland
im Spätsommer 2015 für einige Zeit die Kontrolle über die
Flüchtlingslage verlor. Wenn Nacht für Nacht zehntausend
Menschen über die Grenze von Österreich nach Bayern kommen, nur das Nötigste am Leib und erschöpft von der wo-
chenlangen Odyssee durch Südeuropa, ist das keine normale
Lage. Wenn Tag für Tag in München, in Köln, in Heidelberg,
Hannover oder Hamburg Züge mit Tausenden Flüchtlingen
ankommen, die Nahrung, frische Kleidung und eine Unterkunft brauchen und deren kleine Kinder ein Bett benötigen,
dann ist akute Nothilfe gefragt.

Es hat berührende Beispiele der Hilfe und der Anteilnahme in dieser Zeit gegeben. Zehntausende von Freiwilligen engagierten sich, um die Flüchtlinge zu empfangen, sie mit dem Nötigsten zu versorgen, ihnen ein Ansprechpartner zu sein oder bei den weiteren Verwaltungsverfahren hilfreich zur Seite zu stehen. Die Fernsehbilder beispielsweise vom Empfang der Flüchtlinge im Münchner Hauptbahnhof sind um die Welt gegangen und haben ein Bild von Deutschland nach außen transportiert, das unser Land modern, weltoffen und sympathisch zeigt und sehr viel für unser Ansehen in der Welt getan hat. Bei allen kritischen Würdigungen sollten wir diese Tatsache nie außer Acht lassen. Ich jedenfalls habe sie nicht vergessen. Diese Momente der herzlichen Offenheit haben uns und unserem Land gutgetan.

Mit großen Anstrengungen ist es in den dann folgenden Wochen und Monaten gelungen, die Kontrolle zurückzugewinnen und die nötigen Entscheidungen zu treffen, um die Verwaltung und Verfahren auf die gestiegenen Herausforderungen vorzubereiten. Das Bundesamt für Migration und Flüchtlinge ist mit viel Mühe um mehrere Tausend Stellen aufgestockt worden, um die gigantische Zahl an Asylverfahren bewältigen zu können. Die Verwaltungen der Länder haben, unterstützt vom Bund, ihrerseits alle Anstrengungen unternommen, um alle Schutzsuchenden, die sich im Land aufhalten, in der Folgezeit verlässlich zu registrieren und – teilweise nach schwer akzeptablen Wartezeiten – in die Asylverfahren gebracht. Im Laufe des Jahres 2016 hat das Bundesamt immerhin 615 000 Entscheidungen getroffen, aber 450 000 Verfahren waren zum Jahresende nicht abgeschlossen.

Bund und Länder haben ein ständiges Gremium etabliert,

in dem sich alle Beteiligten anfangs wöchentlich, inzwischen im Monatsrhythmus treffen und über aktuelle Schwierigkeiten austauschen. Die Regierungschefinnen und Regierungschefs der Länder haben sich so häufig wie noch nie mit der Bundeskanzlerin getroffen. Bundestag und Bundesrat haben eine ganze Reihe von Gesetzen beraten und beschlossen.

Gesetzgeberisch und technisch wurden so die Voraussetzungen dafür geschaffen, die Flüchtlinge zweifelsfrei zu registrieren und damit auch zu identifizieren. Um ein konkretes Beispiel zu nennen: Im Herbst 2015 dauerte es Wochen, Antwort auf eine Anfrage zu erhalten, ob ein bestimmter Asylsuchender sich womöglich zuvor bereits in einem anderen EU-Land hatte registrieren lassen – und damit in Deutschland nicht asylberechtigt wäre. Ein Jahr später erhielt man die Antwort aus der sogenannten Eurodac-Datei innerhalb weniger Minuten. Alle beteiligten Landes- und Bundesbehörden haben jetzt über ein Kerndatensystem Zugriff auf relevante Informationen über die Asylsuchenden. Der Gesetzgeber hat eigens ein Gesetz mit dem schönen Namen Datenaustauschverbesserungsgesetz verabschiedet, um diese IT-basierte Zusammenarbeit über Ländergrenzen hinweg zu ermöglichen.

Überall in Deutschland mussten teilweise binnen Stunden neue Erstaufnahmeeinrichtungen geschaffen werden, weil die vorhandenen Kapazitäten bei weitem nicht ausreichten. Und das waren oft nur Provisorien: Fabrikhallen, Baumärkte, leere Kasernen und Krankenhäuser, Turnhallen, Container. Sonst hätte vielen Flüchtlingen Obdachlosigkeit gedroht. Nun gibt es überall in Deutschland eine ausreichende Zahl an Erstaufnahmeeinrichtungen. Die ersten Einrichtungen werden sogar mangels Auslastung wieder geschlossen.

Die meisten Bürgerinnen und Bürger dürften noch gut die Zeit in Erinnerung haben, als in Deutschland kaum eine geordnete Aufnahme von Flüchtlingen stattfand. Deshalb ist es sinnvoll, einen genaueren Blick darauf zu werfen, wie die Verwaltungen auf den immensen Zulauf reagiert haben und die Aufnahme von Flüchtlingen in den Ländern mittlerweile organisieren. Ich will das am Beispiel meiner Heimatstadt Hamburg tun. Mittlerweile gibt es überall Zentrale Erstaufnahmeeinrichtungen. In Hamburg steht jetzt eine hochmoderne Anlage. Sie erinnert ein bisschen an einen Flughafenterminal mit hoher Bearbeitungskapazität. Alle Flüchtlinge werden dort im EASY-System (»Erstverteilung der Asylbegehrenden«) registriert, das für die Verteilung innerhalb Deutschlands wichtig ist. Ihre biometrischen Daten, ihre Fingerabdrücke, werden erfasst, die Personenabfragen in allen relevanten Dateien sofort durchgeführt, und alle erhalten den neu geschaffenen deutschen Flüchtlingsausweis (Ankunftsnachweis), der mit einem Lichtbild und fälschungssicheren Elementen versehen ist und mit den Angaben im Kerndatensystem des Ausländerzentralregisters übereinstimmt.

Diejenigen, die nach der EASY-Verteilentscheidung ihr Verfahren in einem anderen Bundesland weiterverfolgen müssen, können in der Zentralen Erstaufnahmeeinrichtung sogar übernachten und am nächsten Tag weiterreisen. Anders als in der Europäischen Union haben wir ja in Deutschland, wie bereits erwähnt, ein festgelegtes Verfahren für die Aufteilung der Flüchtlinge auf die Bundesländer. Grundlage dafür ist der sogenannte Königsteiner Schlüssel, der ursprünglich in den fünfziger Jahren für die Verteilung von Forschungsmitteln erfunden wurde und Wirtschaftskraft sowie Einwohnerzahl eines Landes einberechnet, inzwischen aber als bewährter Schlüssel für eine faire Aufteilung unter den 16 Bundesländern für alle möglichen Entscheidungen herangezogen wird. Wenn ein Land mehr Flüchtlinge bei sich registriert, als es nach diesem Schlüssel aufzunehmen hat, erhalten die Betroffenen die EASY-Nachricht, sich in der Erstaufnahmeeinrichtung eines anderen, klar festgelegten Landes zu melden – und einen Gutschein über die nötige Bahnfahrkarte.

Alle anderen werden in Hamburg in die nur wenige Hundert Meter entfernte Ankunftseinrichtung weitergeleitet. Solche Ankunftseinrichtungen sind ebenfalls überall in Deutschland geschaffen worden. In Hamburg wird dort die Gesundheitsuntersuchung durchgeführt. Flüchtlinge erhalten dort eine Gesundheitskarte von einer Krankenkasse für die unbürokratische Sicherstellung der Gesundheitsversorgung. Es wird die Unterstützung nach dem Asylbewerberleistungsgesetz festgesetzt. Flüchtlingen mit einer hohen Bleibeperspektive wird eine erste Kontaktaufnahme mit der Arbeitsvermittlung ermöglicht. Innerhalb der Woche, in der sie dort wohnen, stellen alle Flüchtlinge ihre Asylanträge bei den vor Ort mit einer eigenen Außenstelle tätigen Mitarbeiterinnen und Mitarbeitern des Bundesamtes für Migration und Flüchtlinge. Die Bundesbehörde verfolgt das Ziel, einfache Fälle innerhalb dieser Woche zu entscheiden; also z. B. die Fälle von Antragstellern aus sicheren Herkunftsstaaten. Wenn alle diese Schritte erfolgt sind, werden die Flüchtlinge in eine dezentrale Erstaufnahmeeinrichtung weitergeleitet. Sie erhalten auch eine Fahrkarte für den öffentlichen Nahverkehr, deren Kosten von ihrem »Taschengeld« abgezogen werden.

Hinter diesem Prozedere steckt das Ziel, alle wichtigen Verwaltungsakte wie aus einer Hand zu organisieren, damit den Flüchtlingen unterschiedliche Behördengänge nach Möglichkeit erspart bleiben – und zugleich nicht wieder ein Rückstau bei Registrierung und Bearbeitung der Fälle entsteht.

Die Einrichtungen und die Verfahren sind so ausgelegt, dass die deutschen Verwaltungen, wenn wieder einmal so viele Flüchtlinge in so kurzer Zeit nach Deutschland kommen sollten wie im Herbst 2015, die Aufgabe diesmal stemmen könnten. Und dass nicht wieder eine Lage entstehen kann, in der der Staat den Überblick verliert. Wie nötig das ist, kann man an zwei Zahlen sehen: Im EASY-System, dass die Flüchtlinge erstmalig registriert und die Verteilung der Flüchtlinge auf die Bundesländer steuert, wurden 2015 mehr als eine Million Flüchtlinge registriert, die nach Deutschland kamen. Nachdem nun alle Flüchtlinge einen Asylantrag gestellt haben und die biometrischen Angaben erfasst sind, stellt sich heraus, dass in dem Jahr tatsächlich etwas weniger als 900 000 Flüchtlinge in Deutschland Aufnahme gefunden haben. Erst mit der leistungsfähigen IT und der Ausstellung der neuen Flüchtlingsausweise können Mehrfacherfassungen vermieden werden. Manche Flüchtlinge hatten sich mehrfach und an verschiedenen Orten gemeldet. Andere sind in andere europäische Länder weitergezogen. Und manche hatten auch schon in anderen europäischen Staaten Asylanträge gestellt. All das können die deutschen Verwaltungen jetzt sofort feststellen und unterbinden.

Parallel zur Optimierung der Verwaltungsprozesse haben Bund und Länder weitere Anstrengungen unternommen und unter anderem den Kreis der sicheren Herkunftsländer auf alle Staaten des westlichen Balkans ausgedehnt, das heißt auch alle früheren jugoslawischen Teilrepubliken sowie Albanien zählen jetzt zu diesen Staaten. Was angesichts ihrer Bestrebungen, möglichst rasch der Europäischen Union beizutreten, auch gar nicht verwunderlich ist. Die Staaten haben konsequenterweise selbst für eine solche Einstufung als sichere Herkunftsstaaten plädiert. Diese Erweiterung des Kreises der sicheren Herkunftsstaaten hat die Asylanträge von Bürgerinnen und Bürgern dieser Staaten, die in den Jahren zuvor massiv angestiegen waren, drastisch sinken lassen. Übrigens: Parallel zur Einstufung als sichere Herkunftsländer haben die Arbeitnehmerinnen und Arbeitnehmer dieser Länder, die irgendwann der EU beitreten werden, die Möglichkeit erhalten, in Deutschland Arbeitsverträge abzuschließen. Das funktioniert problemlos. Es sind auch zahlenmäßig viel weniger, als vorher versucht haben, als Flüchtlinge zu kommen.

Es ist zu erwarten, dass viele der jetzigen Antragsteller, die aus Syrien, dem Irak, Afghanistan oder Eritrea stammen, eine Anerkennung als Asylbewerber oder zumindest subsidiären Schutz als Flüchtling erhalten. Je nach Herkunft liegen die Schutzquoten bei 50 Prozent oder darüber. Das heißt, mehr als jeder zweite Antragsteller hat gute Aussichten, einen Aufenthaltsstatus in der Bundesrepublik zu erhalten. Denjenigen, deren Anträge abgelehnt werden, steht natürlich der Rechtsweg offen, und es ist zu erwarten, dass nicht wenige von ihnen die Verwaltungsgerichte einschalten und ihren Fall überprüfen lassen werden. Das ist ihr gutes Recht – und die deutschen Länder haben sich darauf eingestellt und zusätzliche Richterinnen und Richter eingestellt, um die zu erwartende Klageflut zu bewältigen.

Eine Konsequenz des Schutzes, den Deutschland Flüchtlingen bietet, ist, dass man im Falle der Ablehnung eines Asylgesuchs das Land wieder verlassen muss. Auch wenn das selten laut ausgesprochen wird. Euphemistisch wird das im Verwaltungsdeutsch als »Rückführung« bezeichnet, bekannter ist aber das Wort »Abschiebung«, was immer dann zum Tragen kommt, wenn der erfolglose Asylantragsteller nicht freiwillig ausreist.

In punkto Rückführungen hat Deutschland Nachholbedarf, der erkannt ist. So hat der Gesetzgeber in kurzer Zeit eine Reihe von Gesetzen beschlossen, die helfen sollen, Abschiebungen besser durchzusetzen. Erstmalig sind beispielsweise nun die medizinischen Gründe kodifiziert, die einer Abschiebung entgegenstehen können. Bisher war das ziemlich disparat geregelt, durch eine sehr unterschiedliche Verwaltungspraxis und Rechtsprechung. Die Bestimmungen zur Abschiebehaft wurden überarbeitet. Die zuständigen Behörden wurden personell verstärkt, um mehr Rückführungen durchführen zu können. In Hamburg ist am Flughafen überdies der erste Ausreisegewahrsam entstanden. Dort können nach den Regeln des Aufenthaltsgesetzes abgelehnte Asylbewerber, die sich weigern, freiwillig auszureisen und versucht haben, sich ihrer Ausreise zu entziehen, für wenige Tage bis zu ihrer Abschiebung untergebracht werden.

Als wichtigste Neuerung für ein erfolgreicheres Rückführungsmanagement könnte sich ein zunächst unscheinbar wirkender Schritt erweisen. Bund und Länder haben sich darauf geeinigt, eine neue Verwaltungseinrichtung des Bundes in Potsdam zu schaffen, die zentral für Deutschland mit einzelnen Herkunftsländern verhandelt, abgelehnte Asylbewerber zurückzunehmen. Heute sieht die deutsche Staatspraxis noch folgendermaßen aus: Jede der mehreren Hundert kommunalen Ausländerbehörden in Deutschland, die für Rückführungen, freiwillige Ausreisen und Abschiebungen zuständig sind, nimmt auf eigene Faust Kontakt zu den Behörden des jeweiligen Staates auf. Die Ausländerbehörde von Ingolstadt muss also mit dem Staat Ägypten oder Mali oder Algerien darüber und über Reisepapiere für deren Staatsbürger verhandeln. Und das machen alle kommunalen Ausländerbehörden, ob sie nun in Bottrop oder Dresden, in Rostock oder Konstanz sitzen.

In den meisten Fällen ist eine bessere Kooperation mit den Herkunftsstaaten dringend nötig, denn viele Flüchtlinge und viele der erfolglosen Asylantragsteller verfügen über keine gültigen Ausweispapiere oder Reisedokumente. Leider ist es keineswegs selbstverständlich, dass diese Staaten und ihre konsularischen Vertretungen die Ausreisepflichtigen als ihre Staatsbürger anerkennen. Weil die abgelehnten Antragsteller so oft keine Papiere haben und bei der Beschaffung der Papiere natürlich nur selten kooperieren, muss anhand von Sprachtests, die die Konsulate dieser Länder durchführen und gelegentlich anhand von Fingerabdrücken festgestellt werden, ob es sich tatsächlich um Bürgerinnen und Bürger dieser Staaten handelt. Kooperieren nun auch die Konsulate dieser Länder nicht und recherchieren sie nicht in ihrer Heimat, stehen die deutschen Verwaltungen ziemlich machtlos da. Manche Konsulate stellen auch keine Reisedokumente aus, wenn der Ausreisepflichtige sagt, er wolle nicht ausreisen. Die fehlenden Papiere abgelehnter Asylbewerber werden ein immer ernsteres Problem. Wenn jeder durch die Vernichtung der eigenen Papiere seine Rückführung in das

Heimatland vermeiden kann, ist das Asylrecht auf den Kopf gestellt. Das Vernichten der eigenen Papiere würde dann zu einem probaten Mittel, die Abschiebung zu verhindern. Die Liste der Aufgaben, die die in Potsdam tätigen Beschäftigten erledigen müssten, ist also lang – und es ist ärgerlich, dass bislang nur wenige Dutzend Stellen dort geschaffen sind, wo eigentlich ein paar Hundert Beamte Dienst tun sollten. Das muss schnell anders werden.

Noch einmal resümierend: Was ist zu tun? Ein Schritt sind, wie bereits dargelegt, sichere und intelligente Außengrenzen der EU. Ein weiterer Schritt ist eine optimierte schnelle europäische IT-Infrastruktur bei der Registrierung von Flüchtlingen und der zeitnahe Abgleich mit Ein- und Ausreisedaten, um zu gewährleisten, dass die Ausreisepflichtigen, die irgendwann und irgendwo in Europa mit ihren gültigen Papieren und ihren biometrischen Daten erfasst wurden, identifiziert werden können. Das erhöht die Aussicht, Reisedokumente zu beschaffen, um dann die Rückführung durchzusetzen.

Überhaupt nicht klug ist der Vorschlag, das Vorhandensein von Pässen und Papieren zur Voraussetzung für das Asylverfahren zu machen. Denn natürlich gibt es Flüchtlinge, die wirklich keine Papiere haben und denen das nicht vorgeworfen werden kann. Entweder, weil sie die Papiere nur mit Hilfe des Staates, aus dem sie geflohen sind, jemals hätten erhalten können. Für einen politisch Verfolgten nicht selten eine lebensgefährliche Sache. Oder weil in den Herkunftsländern Ausweispapiere nicht so allgemein eingesetzt werden wie bei uns. Oder weil die Papiere tatsächlich auf der Flucht verloren gegangen sind. Wer in einem kenternden Flüchtlingsboot gesessen hat und aus Seenot gerettet worden ist, hat vielleicht außer dem Leben alles verloren – auch seine Papiere. Aber sicher ist die Zahl derjenigen Flüchtlinge, die aus einem dieser Gründe keine Papiere haben, erheblich kleiner, als bei den Behörden angegeben wird. Das ist ein Missstand, den weder Europa noch Deutschland hinnehmen können.

Neue Gesetze werden da wenig helfen. Dementsprechend gibt es auch keinen einzigen sinnvollen Vorschlag dazu. Es muss aber klar ausgesprochen werden: Nur der entwicklungs- und handelspolitische Einfluss Europas und Deutschlands auf die Herkunftsländer der abgelehnten Asylbewerber kann wirksam erreichen, dass diese Staaten ihren Bürgerinnen und Bürgern Papiere ausstellen und sie wieder aufnehmen. Das ist eine Frage allerhöchster Priorität. Lange Zeit haben das weder die Europäische Kommission noch die deutsche Bundesregierung so gesehen. Erst die hohe Zahl der Asylantragsteller, die nach Europa und Deutschland ohne Papiere eingereist sind, hat dort allmählich zu einem Umdenken geführt. Europäische Kommissare und deutsche Bundesminister, ja selbst die deutsche Bundeskanzlerin, haben nun angefangen mit den Regierungen der – oft nordafrikanischen – Länder zu verhandeln, die besonders wenig kooperativ sind. Bisher allerdings ohne großen Erfolg. Das sollte uns nicht entmutigen, weiter nachdrücklich auf eine Veränderung der heutigen Praxis dieser Staaten hinzuarbeiten. Diese konsularischen Angelegenheiten haben hohe Priorität, dass sollten endlich alle Verantwortlichen erkennen. Unser Asylrecht ist eine große humanitäre Errungenschaft, deren Legitimität untergraben zu werden droht. Darum muss gehandelt werden.

Des Weiteren dürfen Rückführungsabkommen, wenn man sie denn erzielt, nicht nur auf dem Papier bestehen, sondern müssen gelebte Praxis werden. Wenn faktisch niemand Reisedokumente erhält und stets bezweifelt wird, dass es sich bei den fraglichen Personen um eigene Staatsbürger handelt, wäre nicht viel gewonnen. Einiges wäre schon erreicht, wenn mehr Staaten sogenannte »Laissez passer«-Papiere der EU akzeptierten. Das sind in Deutschland von deutschen Behörden ausgestellte Reisedokumente, die für die einmalige Einreise des Staatsbürgers in sein Herkunftsland genügen sollen. Erste Erfahrungen mit solchen Vereinbarungen, beispielsweise mit den Staaten des westlichen Balkans, die aktiv kooperieren, funktionieren gut. Die Ausländerbehörde Ingolstadt hätte keinerlei Chance, eine solche Vereinbarung mit den Staaten Nordafrikas durchzusetzen, dafür bedarf es schon der politischen Macht Deutschlands und der EU.

Übrigens ist ein wirksames Rückführungsmanagement in jeder Hinsicht hilfreicher als manch Vorschlag von konservativer Seite des politischen Spektrums, der zum Ziel hat, die Aufenthaltsbedingungen der noch nicht Abgeschobenen zu verschlechtern. Wer kein Asyl erhält, kann in der Regel nicht in Deutschland bleiben. Darüber besteht weitgehend Einigkeit. Aber wenn jetzt Arbeitsverbote angeregt werden für die unzähligen Personen, die wir nicht außer Landes kriegen, verschärfen wir die Lage in manchen problematischen Milieus, die man in einigen deutschen Städten schon heute sehr eingehend beobachten kann. Stattdessen sollten wir uns mehr Mühe bei der Rückführung geben.

Solange die Zahl der Asylsuchenden hoch bleibt, wird auch die Debatte über die Frage anhalten, ob die geltenden Verfahrensregeln für das Asyl in Deutschland verbessert werden müssen. Gerade die Befürworter des Asylrechts sollten diese

Debatte nicht scheuen. Nur wenn es uns gelingt, effiziente und schnelle Asylverfahren zu etablieren, werden wir das Asylrecht in Deutschland gegen die Kritik verteidigen können. Das Asylrecht ist eine der Quellen des hohen Ansehens Deutschlands in der Welt. Jeder soll wissen, dass wer von Krieg und Verfolgung bedroht ist, in unserem Land Zuflucht finden kann. Es ist unsere Pflicht, diejenigen zu schützen, die sich berechtigt auf humanitären Schutz berufen. Aber die Akzeptanz des Prinzips erodiert, wenn wir nicht sicherstellen, dass in seine Heimat zurückkehrt, wer diesen Schutz nicht beanspruchen kann. Gerade, weil die Mehrheit derer, die zu uns gekommen sind, Verfolgung und Krieg hinter sich gelassen hat und bleiben wird. Und weil – anders als im Regelfall bei der Arbeitskräftezuwanderung – weder die Zahl der Schutzsuchenden noch Nützlichkeitserwägungen Kriterien für die Gewährung oder Nichtgewährung des Asyls sein dürfen.

Deshalb ist es ein schwerer politischer Fehler, wenn engagierte Befürworter des Asylrechts beinahe jeden Vorschlag, der dazu beiträgt, das Asylrecht auf Schutzbedürftige zu konzentrieren, fast reflexhaft als »Verschärfung« kritisieren und vehement bekämpfen. Der humanitäre Impuls, für jeden abgelehnten Asylbewerber ein Bleiberecht zu fordern, schafft große Probleme – weil er die generelle Akzeptanz des Asylrechts gefährdet sowie die verabredeten Verfahren infrage stellt. Ein pragmatischer Umgang mit den konkreten Asylregeln, der offen für Verbesserungen ist, stellt sicher, dass das Asylrecht von der Mitte der deutschen Gesellschaft getragen bleibt. So ist es nämlich heute.

Wenn es uns gelingt, Asylverfahren zu etablieren, mit denen wir Schutzbedürftige bei uns aufnehmen und zugleich die abgelehnten Bewerberinnen und Bewerber in ihre Heimat zurückführen können, ist das ein wichtiger Schritt. Wenn wir gleichzeitig die Verantwortung für die Flüchtlingspolitik innerhalb der Europäischen Union auf mehr Schultern verteilen, entziehen wir all den Rufen nach einer Obergrenze bei der Aufnahme von Schutzsuchenden, die ohnehin nicht mit dem deutschen Grundgesetz in Einklang zu bringen sind, jede Grundlage.

BILDUNG UND ARBEIT ALS SCHLÜSSEL FÜR DIE INTEGRATION

Im aktuellen Zuwanderungsdiskurs wird gerne so getan, als handele es sich bei der Migration um ein gänzlich neues Phänomen, dabei lässt sich die Geschichte der Bundesrepublik Deutschland eben durchaus auch als Geschichte der Zuwanderung erzählen. Deutschland hat Erfahrungen mit Zuwanderung, gute wie weniger gute, auf denen wir heute aufbauen können, um bei der Integration der Frauen, Männer und Kinder, die in jüngerer Zeit zu uns gekommen sind, nicht die Fehler der Vergangenheit zu wiederholen, sondern ihnen – und uns – einen guten Start in der neuen Heimat zu ermöglichen. Ich bin überzeugt, dass zwei Dinge entscheidend sind dafür, dass sich Migrantinnen und Migranten gut bei uns einfinden. Zum einen Bildung, vor allem das Erlernen der deutschen Sprache. Und zum anderen Arbeit.

Ohne adäquate Sprachkenntnisse ist ein selbstbestimmtes und selbstbewusstes Leben in Deutschland schwerlich möglich, und deshalb sollten wir alle Anstrengungen unternehmen, den Flüchtlingen sehr früh unsere Sprache beizubringen. Dieser Anspruch trifft im Übrigen auf fruchtbaren Boden, denn die Menschen, die unter großen Entbehrungen nach Deutschland gekommen sind, verfügen über ein bemerkenswertes Maß an Lebensenergie, Motivation und Aufstiegswillen. Sie wollen lernen, sie wollen sich zurechtfinden in unserem Land, sie wollen unsere Kultur kennenlernen und die Grundlagen erarbeiten, auf denen sie sich und ihren Angehörigen hier eine erfolgreiche neue Existenz aufbauen können. Unser Bestreben muss es sein, dieses Engagement und diese Hoffnung auf ein besseres Leben zu nutzen, um ihnen unsere Sprache und unsere Werte zu vermitteln, denn ihre Leidenschaft können wir hier gut brauchen.

Am einfachsten fällt die Sprachförderung in den Kindertagesstätten und Grundschulen, denn jeder weiß, wie vergleichsweise leicht es Kindern gelingt, in eine neue Sprache einzutauchen und sie zu erlernen. Deutlich größer ist die Herausforderung für ihre Eltern. Deshalb ist eine frühe und intensive Sprachförderung wichtig, was vielerorts auch längst erkannt ist. Dennoch sind die bürokratischen Hürden bei den bundesweit angebotenen Integrations- und Sprachkursen oft zu hoch und die Wartezeiten, bis ein Interessent einen Platz in einem solchen Kurs erhält, noch immer zu lang. Eine weitere Schwäche ist, dass sich diese Kurse nur an jene richten, deren Asylverfahren bereits abgeschlossen ist und die als Flüchtlinge anerkannt worden sind oder die über eine »hohe Bleibeperspektive« verfügen – was die bürokratische Umschreibung dafür ist, dass mehr als die Hälfte der Antragsteller aus einem bestimmten Land einen Aufenthaltsstatus erhalten. Verwaltungstechnisch mag das sinnvoll klingen, praktisch sorgt dies aber für unnötige Verzögerungen. So ist etwa die große Gruppe der Afghanen, die seit einiger Zeit verstärkt zu uns kommen, von einer frühen Sprachförderung ausgeschlossen, weil ihre Anerkennungsquote bisher unter der magischen 50-Prozent-Hürde liegt. Es können Jahre vergehen, bis ihr Anerkennungsverfahren – möglicherweise erst nach einer Gerichtsentscheidung – beendet ist. In dieser Zeit befinden sie sich zwar in Deutschland, wohnen in Folgeunterbringungseinrichtungen – und haben doch keine Möglichkeit, unsere nicht unkomplizierte Sprache zu erlernen. Hier verschenken wir wertvolle Zeit. Manche Landesregierungen, darunter auch der Hamburger Senat, finanzieren deshalb selbst Kurse für diejenigen, die von den bundesweiten Angeboten ausgeschlossen sind. Es wäre klug, wenn die Bundesregierung hier generell die Zugangshürden absenken würde.

Wie wichtig Bildung für eine gelungene Integration ist, zeigt ein Blick auf die Abiturzahlen. Zuletzt haben beispielsweise 40 Prozent der Kinder, die einen Migrationshintergrund haben, in Hamburg Abitur gemacht. Das ist ein phänomenaler Wert. Damit haben vier von zehn jungen Menschen mit Migrationshintergrund in Hamburg die allgemeine Hochschulreife sowie beste Voraussetzung, einen attraktiven Ausbildungsplatz zu ergattern. Auch wenn naturgemäß die bundesweiten Werte hinter diesen Großstadtzahlen zurückbleiben und gegenwärtig wohl bei 17 Prozent liegen, zeigt dies doch, dass wir so schlecht nicht sind bei der Integration – und in unseren Bemühungen deshalb auch nicht nachlassen sollten.

Anders als in früheren Jahrzehnten wissen wir heute, dass wir Möglichkeiten zur Teilhabe an unserer Gesellschaft schaffen müssen und dass dabei Staat und Gesellschaft in der Verantwortung stehen. Das böse Wort von der »Parallelgesellschaft« hatte den paradoxen Effekt, dass sich die Mehrheit im Land dafür verantwortlich fühlt, die Integration von Zugewanderten zu organisieren. Aus der Zeit der Gastarbeiter gibt es den ernüchternden Satz, dass viele Kinder aus diesen Familien noch in den achtziger Jahren jeden Tag mehrere Tausend Kilometer zur Schule gegangen seien. So groß waren die kulturellen Differenzen zwischen den familiären Strukturen zu Hause und den Anforderungen in den Schulen. Heute kümmern wir uns frühzeitig darum, dass sich die unterschiedlichen Milieus einander öffnen und miteinander über eine gemeinsame Sprache buchstäblich ins Gespräch kommen.

Gegenüber der Vergangenheit sind die Voraussetzungen für einen guten Bildungserfolg heute deutlich besser. In den vergangenen zehn Jahren hat Deutschland die Kinderbetreuung massiv ausgebaut, mittlerweile gibt es für jedes Kind, das älter als drei Jahre ist, einen Rechtsanspruch auf einen Betreuungsplatz. Die Zahl der Kindertagesstätten ist dabei nicht nur in Großstädten, sondern auch in ländlichen Regionen deutlich gestiegen. Ungeachtet aller weltanschaulicher Vorbehalte von konservativer Seite profitieren gerade Kinder mit Migrationshintergrund von dieser frühen gemeinsamen Betreuung, weil sie ihnen beim Spracherwerb hilft – und sie im Übrigen früh in Kontakt bringt mit unseren Werten und Gepflogenheiten. Parallel dazu werden überall im Land immer mehr Ganztagsschulen eingerichtet, die neben der Vermittlung des Unterrichtsstoffs auch Hausaufgabenhilfe und gemeinsame Freizeitgestaltung anbieten. Und, für den Lernerfolg ebenfalls wichtig: Die Klassen sind in allen Schulen in den vergangenen 30 Jahren durchschnittlich deutlich kleiner geworden.

Schon in den Erstaufnahmeeinrichtungen sollten die Behörden deshalb entsprechende Kita-Angebote vorhalten, um die Kinder zu fördern. Der Besuch einer Kita sollte am späteren Wohnort ebenfalls zur Regel werden, um die Vernetzung innerhalb des Ortes – im Übrigen auch für die Mütter und Väter der Kinder – zu erleichtern. Im Wissen um die Bedeutung des Kita-Besuchs hat Hamburg die Kita-Gebühren für alle Kinder für das Basisangebot von fünf Stunden täglich komplett abgeschafft, damit es nicht unnötige Hürden gibt.

Eine der schönsten Pflichten in Deutschland ist die Schulpflicht. Deshalb muss von Beginn an die Schulpflicht auch bei den Flüchtlingskindern durchgesetzt werden – bereits in der Erstaufnahmeeinrichtung. Nach dem Wechsel in eine dauerhafte Unterkunft sollten die Jungen und Mädchen an eine Regelschule wechseln. Dort werden sie zunächst meist ein Jahr lang in besonderen Klassen unterrichtet, bevor sie ganz normal in den Klassen am Unterricht teilnehmen. So ähnlich läuft die schulische Integration überall in der Bundesrepublik.

Nicht ganz so einfach wird es bei älteren Jugendlichen, die bislang ohne jede schulische oder berufliche Qualifikation sind. Die Berufsschulen erfüllen hier eine zentrale Funktion für die Integration von Flüchtlingen in den Arbeitsmarkt. Der deutsche Arbeitsmarkt ist sehr differenziert und bietet zugleich wenig Perspektive für nicht oder kaum qualifizierte Jobsuchende. Mit der Globalisierung und der Verlagerung von Teilen der Produktion in Niedriglohnländer ist die Zahl der Stellen für Gering- oder Nichtqualifizierte erheblich zurückgegangen und eine Ausbildung für Jugendliche in Deutschland deshalb umso wichtiger.

Im föderalen deutschen Bildungssystem sind die Wege zur beruflichen Integration dieser jungen Leute zwar überall ein wenig unterschiedlich. Alle verfolgen aber das gleiche Ziel:

die jungen Männer und Frauen auf einen betrieblichen Ausbildungsplatz vorzubereiten. Mit der Jugendberufsagentur, die nun seit Jahren mit wachsendem Erfolg den Übergang junger Hamburgerinnen und Hamburger in die Berufsausbildung organisiert, steht ein hoch effektives Instrument zur Verfügung. Dort arbeiten an einer Stelle die staatlichen Hamburger Berufsschulen, die Arbeitsagentur, das Jobcenter und die bezirklichen Sozialdienste zusammen und sorgen gemeinsam dafür, dass möglichst kein Jugendlicher durch die Maschen fällt und ohne berufliche Qualifikation endet. Überdies haben wir an den Berufsschulen ein ganztägiges dualisiertes Schulangebot für Flüchtlinge eingeführt. Ziel ist die Überführung in eine duale Ausbildung.

Eine weitere wichtige Voraussetzung für die Integration haben Bund und Länder kürzlich geschaffen, indem sie die Aufenthaltsregeln für Flüchtlinge, die sich in einem Ausbildungsverhältnis befinden, verbessert haben. Zuvor hatten Unternehmen und Betriebsräte immer wieder berichtet, dass sie häufig deshalb keine Lehrstelle vergeben konnten, weil der Aufenthaltsstatus der Bewerberin oder des Bewerbers rechtlich unsicher war. Nun ist geregelt, dass in vielen Fällen diejenigen, die eine Ausbildung beginnen, während der meist dreijährigen Lehrzeit sowie im Anschluss für mindestens zwei Jahre in einem Arbeitsverhältnis einen sicheren Aufenthaltsstatus genießen. Die Praxis wird zeigen, dass nach fünf erfolgreichen Jahren im deutschen Arbeitsmarkt in der Regel eine dauerhafte Aufenthaltsgenehmigung erteilt werden wird, selbst wenn unterdessen der Asylantrag keinen Erfolg gehabt haben sollte.

Dies wird ein starker Anreiz sein, eine Berufsausbildung

zu beginnen. Und ein gutes Argument für das deutsche System der dualen Ausbildung, das in den Heimatländern der meisten Flüchtlinge oft nicht bekannt ist. Deshalb sollten wir die Flüchtlinge auf das System der dualen Ausbildung immer wieder aufmerksam machen. Vielen schwebt ein Hochschulstudium vor, was aber auch an den etwas unrealistischen Vorstellungen über ein deutsches Studium liegen mag. Die Bildungsvoraussetzungen sind für ein Studium immens hoch, und vieles, was in ihren Heimatländern in einem Studium vermittelt wird, findet bei uns im Rahmen einer dualen Berufsausbildung statt.

Was nicht heißt, dass ein Hochschulstudium für Flüchtlinge ausgeschlossen wäre. Im Gegenteil: Einige von ihnen werden natürlich auch eine Universität oder eine Fachhochschule besuchen. Häufig dann, wenn sie ein in ihrer Heimat bereits begonnenes Studium fortsetzen oder nach ihrem Abschluss ihr Wissen noch anreichern wollen. Die deutschen Hochschulen haben sich sehr bereitwillig den interessierten und geeigneten Flüchtlingen geöffnet.

Womit wir zu den erwachsenen Flüchtlingen gelangen, die gerade möglichst schnell eine Arbeitsstelle wollen, um Geld zu verdienen und ihren eigenen Lebensunterhalt bestreiten zu können. Da die Integration am besten und einfachsten über den Arbeitsmarkt läuft, sollten wir nichts unversucht lassen, diese Integration zu fördern. Zentrale Voraussetzung ist auch hier die Sprachförderung, die sich dabei sicherlich anspruchsvoller gestaltet. Parallel dazu müssen wir eine möglichst frühzeitige Beratung durch die Jobcenter und Arbeitsagenturen sicherstellen. Wer als Flüchtling in Deutschland anerkannt worden ist, hat wie jeder EU-Bürger Zugang zum deutschen Arbeitsmarkt und erhält Beratungs- und Vermittlungsangebote vom Jobcenter und, solange er ohne Arbeit ist, das sogenannte Arbeitslosengeld II (ALG II).

Schwieriger ist die Situation der Flüchtlinge, die noch auf eine Entscheidung warten, da sich die Anerkennungsverfahren zeitlich lange hinziehen können. Nach einer dreimonatigen Sperrfrist dürften die meisten hierzulande einen Job annehmen, aber noch viele Monate lang muss für jede Stelle, die sie gefunden haben oder ihnen angeboten wird, zunächst eine Vorrangprüfung durchgeführt werden, wie wir sie schon bei der Erörterung des Arbeitsmarktzuganges von Personen, die außerhalb der EU leben, kennengelernt haben. Sie besteht bekanntlich aus zwei Schritten. Im ersten Schritt prüft die Arbeitsagentur, ob der potenzielle Arbeitgeber ordentlichen Lohn zahlt. Darüber hinaus muss in einem weiteren Schritt geprüft werden, ob es für die besagte Stelle nicht noch andere Interessenten gibt, die aus der EU stammen und damit bevorzugt beschäftigt werden müssten. Die Vorrangprüfung ist eine Hürde bei der Integration geworden. Wie schon erläutert, ist es nicht praktikabel, beispielsweise bei einer befristeten Stelle für einen Gebäudereiniger in München zu prüfen, ob statt des Migranten nicht jemand aus Porto bereit wäre, die Stelle anzutreten. Häufig wird die Vorrangprüfung als Garant dafür angeführt, dass Deutsche gegenüber Flüchtlingen nicht ins Hintertreffen geraten. Theoretisch mag das stimmen, praktisch sind aber so gut wie keine diesbezüglichen Probleme bekannt. Ein hiesiger Arbeitgeber, der ja wenigstens den Mindestlohn zahlen muss, wird in der Regel den inländischen Bewerber bevorzugen, der die Sprache beherrscht und Erfahrungen auf dem hiesigen Arbeitsmarkt vorzuweisen hat. Wie schon erläutert, haben viele Bundesländer die Vorrangprüfung nun für drei Jahre ausgesetzt. Ich bin – wie schon im Zusammenhang mit dem Arbeitsmarktzugang von Drittstaatsangehörigen – zuversichtlich, dass wir nach drei Jahren keine größeren Schwierigkeiten feststellen und dann komplett auf die Vorrangprüfung verzichten werden.

Öfter steht einem Erfolg auf dem Arbeitsmarkt entgegen, dass ein ausländischer Berufsabschluss bei uns nicht anerkannt wird. Zwar gibt es bereits seit einigen Jahren ein bundesweites Gesetz über die Anerkennung im Ausland erworbener Abschlüsse, es gilt aber nur für bundesrechtlich geregelte Berufe. Die landesrechtlichen Regeln müssen in eigenen Landes-Anerkennungsgesetzen geschaffen werden. Hilfreich können in diesem Zusammenhang auch die Handwerkskammern sein, mit eigenen Beratungsangeboten und, wie beispielsweise in Hamburg, mit einer Externenprüfung, bei der die vorhandenen Qualifikationen überprüft und bescheinigt werden. Deutschland ist das Land der Berufe. Deshalb ist es wichtig, dass wir herausfinden, ob jemand andernorts etwas gelernt hat, das mit einem deutschen Beruf vergleichbar ist. Dem deutschen Arbeitsmarkt können wir so gleichzeitig Fachkräfte zuführen.

Entgegen einer weitverbreiteten Meinung steht eine Berufsausbildung nicht nur ganz jungen Leuten offen. Auch wer Mitte zwanzig, Mitte dreißig oder vierzig Jahre alt ist, kann diesen Weg noch gehen. Für Flüchtlinge könnte der Weg dank der beschriebenen aufenthaltsrechtlichen Vorteile (drei Jahre Ausbildung plus weitere zwei Jahre Arbeit) interessant sein. Selbst wer im Ausland schon eine Ausbildung absolviert oder begonnen hat, kann noch profitieren. Nicht nur wegen der größeren Zukunftssicherheit beim Aufenthalt, sondern weil es ein gutes, gewissermaßen staatlich geprüftes Traineeprogramm sein kann. Eine frühere Ausbildung oder das frühere Studium wird dadurch ja nicht entwertet.

Mit Blick auf die Integration in den Arbeitsmarkt hat Hamburg zusätzlich zur klassischen Arbeitsmarktberatung das Programm »W.I.R. – Work and Integration for Refugees« gestartet. Damit nutzen wir systematisch die Erfahrungen, die wir mit der Arbeit der Jugendberufsagenturen gesammelt haben. W.I.R. bringt diejenigen zusammen, die bei der Integration in Arbeit helfen können. Dort werden pragmatisch Angebote entwickelt, mit Unterstützung der Arbeitsagentur und der Jobcenter. Schon in den Erstaufnahmeeinrichtungen wird versucht, die Qualifikationen der Schutzsuchenden zu erfassen. Daran anschließend findet eine Beratung statt, an deren Ende ein fundiertes Profiling steht, woran sich wiederum Qualifizierungs- oder Eingliederungsschritte anschließen. Neben der Förderung sprachlicher Kompetenzen geht es darum, bereits vorhandene Fähigkeiten so weit auszubauen, dass sie auf dem Arbeitsmarkt genutzt werden können. Dass bei diesem Projekt viele Behörden, die Kammern und viele Initiativen mithelfen, ist wesentlich für seinen Erfolg.

Die bisherigen Erkenntnisse lassen erste Einschätzungen zum Arbeitsmarktpotenzial der Flüchtlinge zu. Die Zahlen sind nicht repräsentativ, aber sie sind erfreulich: Zwei Drittel der W.I.R.-Teilnehmerinnen und -Teilnehmer sind mindestens elf Jahre zur Schule gegangen. 70 Prozent sind vorher einer Erwerbstätigkeit nachgegangen. Rund ein Viertel sind schon zehn Jahre oder mehr in einem Beruf tätig gewesen. Es sind Handwerker, Gastwirte, Lehrer, Ingenieure, IT-Fachkräfte und Ärzte darunter. Die Liste ist lang. Jeder Eintrag zeigt: Die allermeisten Migrantinnen und Migranten, die zu uns kommen, können im Prinzip ihren Lebensunterhalt aus eigener Kraft bestreiten.

Man könnte das nun als Hamburgensie abtun, die mit der neuen deutschen Wirklichkeit nichts zu tun hat. Doch eine gemeinsame Studie des Instituts für Arbeitsmarkt und Berufsforschung (IAB) der Bundesagentur für Arbeit, des Forschungsinstituts des Bundesamtes für Migration und Flüchtlinge und des Sozio-oekonomischen Panels (SOEP) hat im Herbst 2016 bundesweit sehr ähnliche Erkenntnisse zutage gefördert. Demnach haben 37 Prozent der erwachsenen Flüchtlinge eine weiterführende Schule besucht, 31 Prozent eine Mittelschule. Lediglich zehn Prozent besuchten nur eine Grundschule und neun Prozent waren nie in einer Schule. Drei von zehn Flüchtlingen waren an Hochschulen oder beruflichen Bildungseinrichtungen eingeschrieben, etwa jeder Fünfte erreichte einen Abschluss. Viele konnten Berufserfahrung vorweisen: 73 Prozent der Befragten haben vor der Flucht nach Deutschland gearbeitet, im Durchschnitt 6,4 Jahre lang. Die Botschaft, die von dieser Studie ausgeht, ist ermutigend. Wir haben noch viel Arbeit vor uns, damit die Integration in den Arbeitsmarkt gelingt. Doch die Voraussetzungen sind offenbar etwas besser, als zu befürchten war.

Der beste und vielversprechendste Weg, Zuwanderer bei uns zu integrieren, wird über eine gute Ausbildung laufen und über Arbeit. Wer sein eigenes Geld verdient und über seine Arbeit Anerkennung erfährt und von staatlichen Transferleistungen unabhängig ist, findet sich in unserem Land schneller zurecht. Wer voller Hoffnung in unser Land kommt, der will diese Energie einbringen und sein Leben selbst in die Hände nehmen. Arbeit ist dafür der entscheidende Faktor. Viele Geflüchtete haben auf ihrem Weg nach Deutschland für uns unfassbare Anstrengungen auf sich genommen. Und wir tun gut daran, davon auszugehen, dass sie sich auch weiter anstrengen wollen, um zu unserem Land dazuzugehören. Es gibt dazu keinen besseren Weg als ordentliche Arbeit, von der man leben kann. Deshalb sollten wir das Gros unser Anstrengungen darauf richten, unnötige Hürden beim Zugang zu unserem Arbeitsmarkt zur Seite zu räumen.

Die wichtigste Bedingung für die Integration ist im Übrigen ein stabiles Wirtschaftswachstum, damit genügend (sichere) Arbeitsplätze vorhanden sind. Deshalb ist es sinnvoll, in dieser Phase des gesamtwirtschaftlichen Erfolgs zu investieren in Straßen, Schienen, Datenleitungen, Häfen, Flughäfen, Gewerbegebiete, Büros, Energieerzeugungsanlagen und -netze sowie Forschungseinrichtungen, um die Grundlagen für weiteren Aufschwung in Deutschland und weiteres Wirtschaftswachstum zu schaffen – und damit auch für eine schnellere und bessere Integration. Vielleicht mag ja mancher eingefleischte Wachstumsskeptiker wegen der Flüchtlinge seine Haltung überdenken.

EIN PLATZ ZUM WOHNEN UND LEBEN

Für die Integration von Zuwanderinnen und Zuwandern in Deutschland sind neben dem Spracherwerb und einem Arbeitsplatz die eigenen vier Wände eine wichtige Voraussetzung. Es ist einfach sehr schwer, sich in einem Land »einzuleben«, wenn man dauerhaft in Gemeinschaftsunterkünften lebt ohne echte Rückzugsmöglichkeiten oder einen eigenen Waschraum. Die Gewährleistung des privaten Raums ist eine wesentliche Voraussetzung dafür, sich einer Gesellschaft teilnehmend öffnen zu können. Die Grenze zwischen privatem und öffentlichem Raum ist eine zentrale Voraussetzung moderner Gesellschaften. Die totale Öffentlichkeit des eigenen Lebens kennen nur autoritäre und totalitäre Systeme.

Einfach ist Privatsphäre leider nicht zu organisieren. Die Zuwanderung von mehr als 1,5 Millionen Flüchtlingen innerhalb sehr kurzer Zeit hat die Länder, Städte und Gemeinden vor immense Aufgaben gestellt. Akut mussten die Kommunen oft mit nur wenigen Stunden Vorlauf Aufnahmeplätze für Frauen, Männer und Kinder, für Familien und Alleinreisende bereitstellen; hinzu kamen die unbegleiteten Minderjährigen, die eigene Plätze mit speziell geschulten Betreuerinnen und Betreuern brauchten. Oft ging es zunächst schlicht darum, die Obdachlosigkeit von Flüchtlingen zu vermeiden.

Insbesondere in den großen Städten, die sich großer Attraktivität erfreuen und in denen vielfach bereits seit längerem die Nachfrage nach Wohnraum das Angebot weit übersteigt, gestaltete sich eine solche Aufgabe als schwierig. In den Flächenländern hingegen war es eine Herausforderung, die logistische Unterstützung von Flüchtlingsunterkünften sicherzustellen, weil weite Strecken überbrückt werden mussten.

Alle Bundesländer haben sich an der Aufnahme der Zuwanderinnen und Zuwanderer beteiligt – hier funktionierte der Föderalismus aufs feinste und deutlich besser als beispielsweise auf EU-Ebene. So war es unerheblich, ob Flüchtlinge zunächst in Bayern die deutsche Grenze überquerten oder in Baden-Württemberg oder ob sie sich das erste Mal in Köln, Berlin, Frankfurt oder Hamburg bei hiesigen Behörden meldeten.

Auf Grundlage des erwähnten Königsteiner Schlüssels wurde die Verteilung der Migrantinnen und Migranten nach einer vorläufigen Registrierung vorgenommen, mit dem EASY-System wurde täglich ermittelt, wie viele Flüchtlinge wo in Deutschland anlandeten. Die Länder und Stadtstaaten, die ihre Quote mehr als erfüllt hatten, konnten weitere Flüchtlinge in jene Länder schicken, die noch Aufnahmekapazitäten hatten. Nun mag man aus Sicht von Stadtstaaten kritisch anmerken, dass der Königsteiner Schlüssel sie benachteiligt, weil er unberücksichtigt lässt, wie viel Fläche in dem jeweiligen Land überhaupt zur Verfügung steht. Aber ein akzeptierter Schlüssel ist besser als keiner. Und eine solche vergleichsweise faire Verteilung wie in Deutschland gibt es – leider – nicht in vielen anderen Staaten der Welt.

Die Herausforderung, innerhalb kürzester Zeit sichere Unterkünfte für Hunderte und Tausende Flüchtlinge zu organisieren, war und ist überall groß, auch wenn die Bedingungen in den einzelnen Bundesländern unterschiedlich sind. In den Gebieten, in denen es leer stehende Kasernen, frühere Krankenhäuser oder ehemalige Einrichtungen der Post oder der Telekom gab, fiel es etwas leichter, provisorische Unterkünfte herzurichten. In Regionen, in denen der Wohnungsmarkt weniger angespannt war, ließen sich einfacher ordentliche Wohnungen für Flüchtlinge finden. Vor besonderen Herausforderungen standen und stehen die großen Städte mit angespanntem Wohnungsmarkt, wenigen Brachflächen und kaum noch ungenutzten früheren Militäreinrichtungen. Längst hat eine aktive Stadtentwicklung die einstmals verfügbaren Einrichtungen aufgesogen.

Eine boomende Metropole wie Hamburg verfügt nicht von vornherein über die nötige Zahl von Unterkünften, es fehlen schlichtweg Flächen. Auf Dauer kommt ein Stadtstaat deshalb gar nicht umhin, neue Wohngebiete auszuweisen und den beschleunigten Bau von Flüchtlingsunterkünften anzugehen. Dabei gilt es, einen Ausgleich zwischen den berechtigten Interessen der Bürgerinnen und Bürger, den Bedürfnissen der Flüchtlinge sowie den Verpflichtungen der städtischen Verwaltung zu erreichen. Diese Aufgabe wird nicht einfacher durch die Tatsache, dass das deutsche Planungs- und Baurecht in den Jahrzehnten mit viel Liebe zum Detail weiterentwickelt worden ist, was seinen Sinn haben mag, unsere Städte aber gerade sehr fordert.

Das Baurecht ist eine gute und wichtige Sache. Es sorgt dafür, dass die Häuser stabil und ordentlich gedämmt sind und der Brandschutz berücksichtigt wird. Zugleich ist es der Garant, dass die Rechte von Nachbarn ausreichend berücksichtigt werden, um für Frieden und Ausgleich in einem Wohngebiet zu sorgen, und dass Umwelt- und Lärmschutzauflagen allen Beteiligten gerecht werden. All das sorgt für eine Menge bürokratischen Planungsaufwand und kostet viel Zeit. Das hiesige Baurecht ist dafür verantwortlich, dass das Bauen in Deutschland so unendlich lange dauert, insbesondere in Großstädten. Die Erstellung eines Bebauungsplans, der festlegt, wo welche Form der Bebauung überhaupt erlaubt ist, benötigt meist drei Jahre. Der Bau selbst, von der Grundsteinlegung bis zum Einzug in ein Gebäude, dauert in der Regel noch einmal bis zu zwei Jahre.

So können zwischen Beginn der Planung und Fertigstellung eines Baus fünf Jahre vergehen – und das ist eben zu lange, wenn es wie gegenwärtig schnell gehen muss. Die psychische Belastung, dauerhaft in Sammelunterkünften zu leben, ist groß und dürfte Konflikte schüren unter den Bewohnerinnen und Bewohnern. Und damit sind auch Herausforderungen für die Nachbarschaften verbunden, in denen diese Sammelunterkünfte angesiedelt sind.

Deshalb war es notwendig und klug, dass der Bundesgesetzgeber in jüngerer Zeit das Baurecht mehrfach novelliert hat, damit Flüchtlingsunterkünfte auch in Gewerbegebieten errichtet werden können oder ohne einen gültigen Bebauungsplan. Vorübergehend nutzten die Länder und Gemeinden sogar das Polizeirecht, das ihnen erlaubte, leer stehende Lagerhallen und Gebäude zu requirieren – natürlich gegen eine finanzielle Entschädigung für die Eigentümer – und in Unterkünfte zu verwandeln. Hamburg und Bremen etwa haben im Polizeirecht eigens die Bedingungen präzisiert, um schnell auf gewerbliche Hallen zugreifen zu können, die seit längerem nicht genutzt wurden und auch absehbar nicht genutzt werden sollten. Nothilfe und Improvisation waren das Gebot der Stunde, um zu verhindern, dass viele Flüchtlinge in den kalten Wintermonaten in Zelten leben mussten.

Die Unterkünfte wurden dicht belegt. In den einstmals leeren Gewerbehallen wurden provisorisch mit einem Sichtschutz Abteile abgetrennt und eine Reihe von Doppelstockbetten aufgestellt. Toiletten und Waschräume mussten kurzfristig, oftmals auch notdürftig bereitgestellt werden – etwa als Container, wie man sie von Volksfesten her kennt. Überall in Deutschland wuchs die Nachfrage nach Wohncontainern, weshalb sie irgendwann auch nicht mehr zu erhalten waren. Zeitweilig kamen die Behörden nicht umhin, auch (überwiegend beheizbare) Zelte aufzustellen, um alle Flüchtlinge unterbringen zu können. Die Flüchtlinge mussten ihrerseits akzeptieren, längere Zeit in großen Massenunterkünften zu leben. Anders wäre es nicht gegangen.

Um die Dimension der Herausforderung zu erfassen, lohnt ein Blick wenige Jahre zurück. Im Jahr 2011 gab es in Hamburg eine Erstaufnahmeeinrichtung mit 400 Unterkunftsplätzen, die zu jedem Zeitpunkt des Jahres völlig ausreichte. Vier Jahre später, im Winter 2015/2016, betrieb die Freie und Hansestadt Hamburg 133 Erst- und Folgeunterkünfte mit knapp 39 000 Plätzen. Und vergessen wir nicht: Alle Schutzsuchenden, die als Asylbewerber oder Flüchtlinge anerkannt werden, brauchen nach Abschluss ihres Verfahrens irgendwann dauerhaften Wohnraum.

Die Situation hat sich im Jahr 2016 nur wenig entspannt. Zwar haben sich die Befürchtungen nicht bestätigt, dass abermals knapp eine Million Flüchtlinge nach Deutschland kommen – unter anderem durch die EU-Türkei-Vereinbarung sowie die faktische Schließung der Balkanroute. Doch die Flüchtlingszahlen blieben, medial weitgehend unbemerkt, auch 2016 hoch. Zum Jahresende lagen sie bei einer Marke von 280 000. Aktuell sind in Hamburg 30 000 Plätze für die Erst- und Folgeunterkunft in mehr als 160 Einrichtungen über die ganze Stadt verteilt. Ähnlich sieht es in nahezu allen anderen deutschen Großstädten aus.

Die Städte und Gemeinden müssen also in kurzer Zeit eine große Zahl von Unterkünften für die (anerkannten) Flüchtlinge schaffen, wobei der Bau von Containerdörfern und Modulhäusern aus Holz sicherlich ein Weg ist, dies möglichst rasch zu erreichen. Man mag pauschal beklagen, dass größere Siedlungen nicht ideal sind für die Integration – doch die Alternative, den Migrantinnen und Migranten überhaupt kein Dach über dem Kopf anbieten zu können, ist um ein Vielfaches schlimmer. *Ultra posse nemo obligatur*, heißt der Grundsatz im Römischen Recht, niemand muss mehr leisten, als er kann. Es heißt aber auch, jeder sollte so viel leisten wie möglich.

Allein die Flächen für die Errichtung solcher Unterkünfte im städtischen Ballungsraum zu finden, gestaltet sich zäh und schwierig. Eigentumsrechte müssen respektiert, Umweltvorgaben berücksichtigt und Vorbehalte in einzelnen Nachbarschaften sensibel behandelt werden. Schließlich kann die öffentliche Hand nur dort bauen, wo sie den Grund und Boden entweder selbst besitzt oder zu einem vernünftigen Preis erwerben oder zumindest pachten kann. Und eine vorausschauende Politik muss darauf achten, dass sie durch die Bebauung von bestimmten Flächen nicht die Entwicklungschancen ihrer Städte gefährdet. Die Flächen etwa, an denen wir Unternehmen, Gewerbe oder Industrie ansiedeln wollen, kommen für eine Bebauung mit Flüchtlingsunterkünften nicht infrage. Denn ein stabiles Wirtschaftswachstum ist eine Grundvoraussetzung dafür, dass unsere Volkswirtschaft die wachsende Zahl von Menschen im Land verkraftet, und dafür brauchen wir Wachstumsflächen für die Wirtschaft, für Gewerbe und Industrie. Gleiches gilt für die wichtigen Erholungsgebiete und Grünflächen, die unabdingbar sind für die Lebensqualität in unseren Kommunen.

Die Grundstücke, die ohnehin für den Wohnungsbau vorgesehen sind, sollten ebenfalls für den Bau von Flüchtlingsunterkünften ausgespart werden, denn die werden in den angespannten deutschen Wohnungsmärkten dringend benötigt. Der Wohnungsbau, auch der sozial geförderte, ist die einzige Chance, den Druck auf die Mieten in Großstädten zu verringern. Überall suchen Familien, junge und alte Leute dringend bezahlbare Wohnungen. Nicht zuletzt deshalb hat Hamburg ein großes Wohnungsbauprogramm initiiert, pro Jahr sollen mindestens 10 000 Wohnungen entstehen, davon 3000 Sozialwohnungen. Die Zahl der Baugenehmigungen hat diese Höhe bereits erreicht. Um erfolgreich zu sein, brauchen wir ein hohes Tempo, was bei den heutigen rechtlichen Vorgaben alles andere als einfach ist.

Eine weitere Hürde sind die hohen Baupreise, das müssen

die Bauunternehmen endlich in den Griff kriegen. Die Wohnungswirtschaft ist einer der wenigen Wirtschaftszweige, der ein Produkt anbietet, das sich die Mehrheit der Kundinnen und Kunden eigentlich nicht leisten kann. Hier ist Industrialisierung nötig und Standardisierung. Wie Kleidung »von der Stange« sollte es auch Häuser geben, die nicht umständlich individuell geplant werden müssen, sondern eher wie im modernen Fahrzeugbau gemeinsame »Plattformen« haben, was die Baukosten massiv verringern würde. Wer stärker auf die Möglichkeiten des Systembaus setzt, kann den Bau von Wohnungen beschleunigen und günstiger machen. Die Preise sind gegenwärtig so hoch, dass kaum ein Bauherr ohne öffentliche Subventionen Wohnungen baut, für die Mieter dann vielleicht gerade noch bezahlbare acht Euro pro Quadratmeter entrichten müssen. Im frei finanzierten Wohnungsbau liegt die Nettokaltmiete für Neubauten bei zehn bis zwölf Euro pro Quadratmeter, die der Staat beim geförderten Wohnungsbau dann auf in Hamburg etwas mehr als sechs Euro herunter subventioniert. Das kann auf Dauer nicht gut gehen – weder beim Bau »normaler« Wohnungen noch bei Flüchtlingsunterkünften.

Die Wohnungen für Flüchtlinge sollen nach Möglichkeit in überschaubaren Einheiten errichtet werden, um nicht die Fehler anderer Länder zu wiederholen und riesige Trabantenstädte oder Ghettos vor den Städten zu schaffen, die ein Eigenleben führen, statt einen Beitrag zur Integration zu leisten. Der Blick in die Pariser Banlieues und auf ihre teilweise dramatischen sozialen und kulturellen Probleme sollte uns warnen. Aus Gründen der Gerechtigkeit ist klar, dass die Unterbringung am besten möglichst dezentral in der Stadt erfolgen sollte. Im Idealfall bedeutet das, dass Flüchtlingsunterkünfte nicht nur in den wirtschaftlich schwächeren Stadtteilen mit unterdurchschnittlichen Einkommen gebaut werden, sondern eben auch in gut funktionierenden Mittelschichtsquartieren und wohlhabenden Wohngegenden. Das ist im internationalen Vergleich keineswegs selbstverständlich. In vielen Staaten der Welt ist die Unterbringung von Flüchtlingen keine öffentliche Angelegenheit, und deshalb finden sich nur selten Flüchtlinge in solchen wohlhabenden Wohngegenden.

Für die Flüchtlingsunterkünfte werden überall Containerdörfer errichtet. Doch wenn Familien manchmal zehn bis 15 Jahre in Containern leben müssen, ist das fast so teuer wie der Bau einer richtigen Wohnung. Deshalb wird Hamburg versuchen, gleich richtige Gebäude zu errichten, die den heutigen Wohnungsbaustandards entsprechen. Die Stadt nutzt dabei die neu geschaffenen Regeln des Gesetzgebers, die den Bau von Unterkünften für Flüchtlinge erleichtern, weil das Planungsrecht nur bedingt angewendet werden muss. Parallel dazu treibt die Stadt die Aufstellung regulärer Bebauungspläne voran, um diese neuen Bauten dann, wenn sie nicht mehr nur von Flüchtlingen genutzt werden, dem allgemeinen Wohnungsmarkt zu öffnen.

Zur Wahrheit gehört im Übrigen auch: Wenn man das Bau- und Planungsrecht etwas anwenderfreundlicher gestalten würde, könnte der Staat binnen zwei Jahren für alle Flüchtlinge, die dauerhaft in Deutschland bleiben werden, ganz normale Wohnungen errichten. »Wenn man einfache Materialien einsetzt, kriegt man die für 1500 Euro pro Quadratmeter«, sagt der Präsident des Hauptverbandes der deutschen

Bauindustrie, Thomas Bauer, der *Süddeutschen Zeitung*. Man könne dann sehr schnell Häuser bauen, das wären »Häuser wie in den 50er- und 60er-Jahren, da wohnen heute auch noch Millionen Menschen drin«. Man müsste nicht einmal die Standards für den sozialen Wohnungsbau senken. Unser Bauplanungsrecht ist ein Anachronismus, der seit längerem den Anforderungen der Praxis nicht mehr gerecht wird. Vielleicht ist die Notwendigkeit, Wohnungen für Flüchtlinge zu bauen, ein geeigneter Anlass, über eine grundlegende Reform des Bauplanungsrechts nachzudenken, um generell mehr Tempo beim Wohnungsbau zu gewinnen.

Aber nicht nur das Baurecht stellt eine Herausforderung auf der Suche nach Unterbringungsmöglichkeiten dar. Die geplante Ansiedlung einer Flüchtlingsunterkunft ruft in den Nachbarschaften oft sehr unterschiedliche Reaktionen hervor. Überall melden sich Bürgerinnen und Bürger, die helfen wollen. Bis heute profitiert Deutschland vom Engagement der vielen Ehrenamtlichen und der lebendigen Willkommenskultur in vielen Teilen unseres Landes. Die Verwaltungen haben Großes geleistet bei der Unterbringung, doch ohne die Unterstützung der vielen Freiwilligen wären sie gescheitert. Und dieses Engagement hält nach wie vor an.

Einige Nachbarn reagieren aber auch skeptisch, sie fürchten um die Stimmung in ihrem Ortsteil, um den Wert ihrer Grundstücke oder wollen ganz einfach keine Migranten in ihrer unmittelbaren Umgebung wohnen haben. Sie organisieren Bürgerproteste oder strengen Gerichtsprozesse gegen den Bau von Unterkünften an oder sie initiieren Volksentscheide. Das muss niemanden erschrecken und gehört zu den Begleiterscheinungen solch plötzlicher Veränderungen des

Gewohnten. Damit muss der demokratische Staat gelassen und souverän umgehen.

Nicht hingenommen werden kann es allerdings, wenn es zu gewaltsamen Protesten kommt oder gar geplante Flüchtlingsunterkünfte angezündet werden, wie bedrückende Fernsehbilder aus manchen Orten in Deutschland uns gezeigt haben.

In Hamburg stießen die Planungen des Senats zum Bau von Flüchtlingsunterkünften natürlich anfangs auch nicht überall auf Zustimmung. Vielerorts gab es Sorgen, mancherorts auch Protest und Klagen. Der Senat entschied sich deshalb, auch neue Wege auszuprobieren, um die Bürgerinnen und Bürger an der Suche nach geeigneten Standorten direkt zu beteiligen. Die HafenCity-Universität erhielt den Auftrag, ein solches Konzept für eine moderne Bürgerbeteiligung zu entwickeln. Gemeinsam mit dem renommierten Massachusetts Institute of Technology (MIT) aus Boston hatte die Universität bereits vorher ein City Science Lab eingerichtet, das sich der Sache annehmen konnte. Innerhalb weniger Monate entstand das Projekt *Finding Places*, dessen Grundlage die Open-Source-Software *City Scope* des MIT bildete.

Finding Places führt das Wissen der Demographen, unterschiedlicher Behörden und Geographen in einer Datenbank zusammen und macht es selbst für Laien unmittelbar nutzbar. In Workshops konnten sich Bürgerinnen und Bürger in die Rolle der Stadtplaner versetzen und überlegen, wo es in ihrem Stadtteil geeignete Flächen für den Bau von Unterkünften (noch) gibt. Elektronisch identifizierbare Legobausteine wurden dafür auf einem virtuellen Stadtplan verteilt – und an farblichen Markierungen war abzulesen, ob ein bestimmtes

Areal für den Bau geeignet ist, in städtischer Hand liegt, ob es bauliche Beschränkungen gibt, Grünflächenvorgaben und Ähnliches. Auf diese Weise wurden Entscheidungen unter realen Bedingungen möglich, und die Bürgerinnen und Bürger traten an einen interaktiven Planungstisch und in die Position derer, die gerne manchmal als »die da oben« beschimpft werden. Sie bekamen aus erster Hand die Optionen und Gestaltungsmöglichkeiten geliefert, erkannten aber auch gleichzeitig die Grenzen und Einschränkungen. So entstand in den Workshops ein Gefühl dafür, wie schwierig es ist, einen leicht formulierten Anspruch unter den komplexen Gegebenheiten einer modernen Großstadt umzusetzen.

Hamburg leistete Pionierarbeit – in keiner Stadt der Welt ist jemals zuvor ein solches Projekt gestartet worden. Nur ein demokratisches Gemeinwesen hat ein Interesse daran, ein solches Modell mit allen Daten in Echtzeit zu erstellen, weil es für Transparenz und Überprüfbarkeit von Verwaltungsentscheidungen sorgt. Nur eine Gesellschaft mit einer leistungsfähigen Verwaltung erfasst, kombiniert und bewahrt überhaupt all diese Daten und ist bereit sie offenzulegen: Die Beschaffenheit von Flächen, ihr Eigentumsstatus, welche Gebäude dort gerade stehen und wie die Einwohnerverteilung ist, all dies kann jeder in Hamburg erfahren. *Finding Places* ist das Hamburger Modell einer digital informierten Bürgerbeteiligung in der offenen Gesellschaft. Hier ist ein soziales interaktives Modell entstanden.

Solche Projekte sind auch ein Beispiel dafür, wie bestehenden Vorbehalten gegen Flüchtlingsunterkünfte auch andernorts begegnet werden kann und wie damit eine wichtige Grundlage geschaffen werden kann für ein Gelingen der Integration. Demokratische Politik muss Ängsten begegnen, indem sie klug argumentiert und transparent darlegt, warum sie eine bestimmte Entscheidung trifft und nicht eine andere und wie eine mögliche Alternative aussehen könnte. Die offene Gesellschaft kennt nur die Kraft des Arguments.

DER DEUTSCHE PASS ALS ZEICHEN
DER ZUGEHÖRIGKEIT

Die Aufgabe der Integration beschränkt sich nicht auf die deutsche Sprache, Arbeit und Wohnraum. Unsere westlichen Demokratien beruhen in erster Linie auf dem Bekenntnis zu einem inneren Wesens- und Wertekern, der stets neu verhandelt und bekräftigt werden muss. »Die Existenz einer Nation ist ein tägliches Plebiszit«, sagte der französische Schriftsteller Ernest Renan bereits 1882: Die Moderne verlangt von uns immer wieder aufs Neue dieses Bekenntnis.

Anders als in traditionell geprägten Gemeinwesen gilt in modernen Gesellschaften nur das, was begründet in den Augen aller Betroffenen und Beteiligten Bestand haben kann. Die Gewissheiten nehmen in der Moderne ab. Was wahr und richtig ist, wird verhandelbar. Es wird zum Gegenstand der öffentlichen Debatten und Diskurse, die eine freiheitlich demokratische Ordnung prägen.

In einer Zeit, in der viel über die westlichen Werte diskutiert wird, die manch einer gefährdet sieht durch die Zuwanderung, ist die deutsche Staatsbürgerschaft sicherlich das stärkste Bekenntnis zu Deutschland und zu Demokratie und Rechtsstaat. Wer deutscher Staatsbürger werden will, bekennt damit seinen Willen, in einer freiheitlichen und solidarischen Gesellschaft zu leben, in der alle Menschen gleichberechtigt sind, ihre Würde unantastbar ist und sich alle frei entfalten können.

Seit gut zwei Jahrzehnten eröffnet Deutschland diese Möglichkeit des selbstbestimmten Bekenntnisses zu seiner Verfassungsordnung und seiner politischen Kultur. Die Regeln für die Einbürgerung sind erheblich vereinfacht worden. Im Grundsatz gilt, wer mindestens acht Jahre in Deutschland lebt und ein unbefristetes Aufenthaltsrecht hat, die deutsche Sprache spricht, seinen Lebensunterhalt selbst tragen kann, keine Straftaten begangen hat, sich zur freiheitlich demokratischen Grundordnung bekennt, kann sich einbürgern lassen. Es wird die Teilnahme an einem Einbürgerungstest erwartet, den übrigens mehr als 90 Prozent der Teilnehmer erfolgreich absolvieren. Von diesem Test sind u. a. Personen befreit, die einen deutschen Schulabschluss besitzen oder ein rechts- und gesellschaftswissenschaftliches Studium abgeschlossen haben. Unverändert muss, wer die deutsche Staatsangehörigkeit beantragt, seine bisherige Staatsbürgerschaft aufgeben. Es gibt allerdings Ausnahmen. EU-Bürger behalten bei der Einbürgerung fast immer die alte Staatsangehörigkeit. Wer einst Asyl erhalten hat, weil er in seinem Herkunftsland verfolgt wurde, muss diese Staatsangehörigkeit bei der Einbürgerung ebenfalls nicht aufgeben. Etwa die Hälfte der Eingebürgerten behält die bisherige Staatsangehörigkeit. Weil die Einbürgerung so ein starkes Bekenntnis zu Deutschland ist, wird es früher oder später sicher so sein, dass es allein Sache der neuen Deutschen sein wird, zu entscheiden, ob sie noch an der alten Staatsbürgerschaft festhalten. Natürlich sind mehrere Staatsangehörigkeiten nicht erstrebenswert, weil damit auch einige völkerrechtliche Nachteile einhergehen. So kann Deutschland einen Staatsbürger in dem Land, für das er einen zweiten Pass besitzt, nicht wirksam vertreten. Allerdings haben viele andere Staaten weniger Schwierigkeiten mit der Hinnahme von Mehrstaatigkeit. Hier wäre unserem Land eine souveränere Haltung zu wünschen.

Während vorher über 100 Jahre hinweg die Idee, dass eigentlich nur derjenige Deutscher sein könne, der deutsche Eltern hat, maßgeblich war, haben wir den Zugang zu unserer Staatsbürgerschaft auch um Aspekte des angelsächsischen *ius soli*, des Bodenrechts, erweitert. Dieses geht, kurz gesagt, davon aus, dass diejenigen, die in einem Land geboren werden, auch seine Staatsbürger sein sollen. Das gilt ohnehin für die, die einen in Deutschland lebenden Elternteil haben, der deutscher Staatsbürger ist. Viele der in Deutschland Geborenen haben nicht deutsche Eltern, die aus Italien oder der Türkei, aus Ghana oder Finnland, aus den USA oder Russland stammen. Ihre Eltern kamen oft noch als Fremde nach Deutschland, sie selbst aber leben von Geburt an hier, sind hier aufgewachsen und fühlen und leben »deutsch«. Jetzt werden diese jungen Leute als Deutsche geboren, wenn ein Elternteil seit mindestens acht Jahren in Deutschland gelebt und ein unbefristetes Aufenthaltsrecht hat. Bis vor kurzem mussten sie sich nach dem 18. Lebensjahr zwischen der Staatsangehörigkeit ihrer Eltern und der deutschen entscheiden. Aber auch diese Optionspflicht ist nun vom Gesetzgeber abgeschafft worden. Diese Veränderung hat viel bewirkt. Die Identifikation mit Deutschland ist bei den jungen Leuten sehr hoch. Deshalb sind Versuche, diese Geste an die Jugend wieder rückgängig zu machen, für das Gelingen der Integration abträglich. Sie stellt diese jungen Leute unter den Verdacht der Illoyalität. Und gerade deshalb sollten alle Vernünftigen solche unsinnigen Ansinnen ablehnen.

Migration ist oft eine Erfolgsgeschichte – für beide Seiten. Die Zuwanderer profitieren von den Chancen, die sich ihnen in Deutschland bieten. Und unser Land profitiert von der Energie und vom Aufstiegswillen, von der Kreativität und Lebensfreude der Zuwanderer. Die Eingebürgerten sind Deutsche, aber eben nicht nur Deutsche.

Die Einbürgerung steht am Ende eines Prozesses, der zeigt, wie Einwanderung gelingen und welches Glück sie bedeuten kann – auch für Deutschland. Wir sollten gemeinsam viel stärker von diesem Glück erzählen. Beispielsweise ist die älteste deutsche Privatbank, die zweitälteste aktive Bank der Welt, einst in Hamburg von holländischen Glaubensflüchtlingen gegründet worden. Unser Land hat viele Jahrhunderte lang von der Einwanderung profitiert.

Natürlich gibt es auch Schwierigkeiten mit der Migration, wie sollte es auch anders sein! Natürlich müssen wir darauf beharren, dass in unserem Land unsere Werte gelten und sich alle an die Regeln halten. Und natürlich fällt es manchem Zugewanderten schwer, sich an alle Regeln zu halten. Dafür haben wir Gesetze, Polizei und Gerichte. Die vielen Eingebürgerten, die sich an die Regeln halten, hier zur Arbeit gehen und ein ordentliches Leben führen, sind der lebende Beweis dafür, dass die meisten Zuwanderer eine andere Richtung einschlagen.

Die Einbürgerung, der Erhalt des deutschen Passes, ist für Migrantinnen und Migranten ein großer und wichtiger

Schritt. Für viele markiert er den Abschluss eines Weges, der vielleicht mit einer waghalsigen und gefährlichen Flucht begann, sich über den mühsamen Neuanfang in einem fremden Land fortsetzte, dessen Sprache man nicht beherrschte und dessen Gebräuche einem fremd waren, bis man schließlich selbst Deutsch sprechen (und auch schreiben) lernte und mittlerweile ein erfolgreiches Leben führt. Der neue Pass hat neben der ganz praktischen auch eine hohe symbolische Bedeutung.

Was nicht bedeutet, dass man die pragmatischen Gründe unerwähnt lassen sollte, die für die deutsche Staatsbürgerschaft sprechen. Man darf an Landtags- und Bundestagswahlen teilnehmen – und auch selbst gewählt werden. Für Reisen in viele Länder erleichtert der deutsche Pass den Erhalt eines Visums oder erübrigt sogar ein Visum. Und man hat ein dauerhaftes, unbefristetes und unwiderrufliches Aufenthaltsrecht.

Gleichzeitig beeinflusst die Zugehörigkeit zu einem Land auch die eigene Identität. »Ich bin Deutsche.« Oder: »Ich bin Deutscher.« Diesen Satz kann man plötzlich über sich sagen. Er gilt im Übrigen auch für den Fall, dass man seine alte Staatsbürgerschaft behalten hat. Denn Identität setzt sich aus vielen Facetten zusammen. Sie ist mehr als ein Beruf oder die Tatsache, dass man Mutter oder Vater ist, Sohn oder Tochter, Schwester oder Bruder. Identität ergibt sich aus unterschiedlichen Zugehörigkeiten und auch aus dem, was wir tun und was wir uns wünschen. Sie umfasst unsere Wurzeln genauso wie das, wonach wir streben. Und nebenbei »passiert« uns das Leben, das uns immer wieder zwingt, die eigene Identität zu überdenken und sie anzupassen an die neuen Gegebenheiten. Der deutsche Pass verändert die Identität nicht vollständig, aber irgendwie eben doch.

Schon die Menschen, die in Hamburg in der Ballin-Stadt – vom Reeder Albert Ballin errichtete Unterkünfte für Auswanderer – eincheckten, um in die USA auszuwandern, wollten in den USA so schnell wie möglich wirtschaftlich auf eigenen Füßen stehen und möglichst bald Staatsbürger der Vereinigten Staaten von Amerika werden. Und bis heute ist das der Weg, den diejenigen gehen, die in die USA einwandern. In Deutschland war es anders. Bei der Gastarbeitermigration herrschte die Vorstellung vor, dass die Arbeitskräfte irgendwann wieder zurück in »ihre« Heimat gehen würden. Sie brauchten keinen deutschen Pass, sondern höchstens eine Rückfahrkarte. Darin waren sich Deutsche wie die angeworbenen Arbeitskräfte aus Italien, Spanien, Portugal, der Türkei, Griechenland, dem früheren Jugoslawien lange Jahre einig, dass es sich nur um ein Gastspiel in Deutschland handeln sollte. Erst sehr langsam veränderte sich die Haltung, aus den Gastarbeitern wurden Arbeitskollegen, Nachbarn und manchmal auch Freunde. Die Familien reisten nach Deutschland, ihre Kinder wurden hier geboren. Deutschland begann endlich auch über Integration nachzudenken. Es war ein langsamer und mühsamer Prozess, erst im Jahr 2004, also knapp 50 Jahre nach dem ersten Anwerbeabkommen mit Italien, wurden im Zuwanderungsgesetz die Grundzüge des heutigen Staatsangehörigkeitsrechts geschaffen.

Staatsziel sollte es sein, dass alle, die nach Deutschland kommen und hier dauerhaft leben, alles daran setzen, deutsche Staatsbürger zu werden. Und tatsächlich machen mehr und mehr Menschen davon Gebrauch; jedes Jahr gibt es in

Deutschland mehr als 100 000 Einbürgerungen. Diese Zahl ist ein Anfang, aber angesichts von mehr als sieben Millionen Nichtdeutschen, die in der Bundesrepublik leben, sollte der Staat deutlich mehr Anstrengungen unternehmen, um die Zahl der Einbürgerungen zu erhöhen. In einigen großen Städten besitzt oft mehr als ein Viertel der Bevölkerung keinen deutschen Pass. Es ist wichtig, dass alle diese Einwohnerinnen und Einwohner Deutschland als ihr Land betrachten.

Deutschland sollte dabei die Fehler anderer Staaten vermeiden. Die Golfstaaten lassen zwar viele Arbeiterinnen und Arbeiter aus Pakistan oder Indien ins Land, damit sie dort die Dienste leisten, die die Einheimischen nicht leisten wollen oder können, etwa als Haushaltshilfe, Kinderbetreuerin oder Bauarbeiter. Eine Perspektive auf ein selbstbestimmtes Leben mit ihren Familien in diesen Staaten ist aber komplett ausgeschlossen; jeder Aufenthalt ist befristet und an ein Beschäftigungsverhältnis gekoppelt, was maximale Abhängigkeitsverhältnisse schafft. Westliche Manager und Ingenieure profitieren von diesen zeitlich begrenzten, oft hoch bezahlten Engagements und einer luxuriösen Unterbringung – aber auch sie haben keine realistische Perspektive, Teil der nationalen Gemeinschaft zu werden. Die weniger betuchten Arbeiter aus Pakistan und Indien sind letztlich Bewohner dritter Klasse in diesen Staaten und können jederzeit ihren Job und damit ihre Absicherung und ihren Aufenthaltstitel verlieren. Selbst ein kleiner Vielvölkerstaat wie Singapur leistet es sich, dass 40 Prozent der Bevölkerung dort keinerlei Perspektive auf Integration haben, sondern zeitlich befristet als Arbeiter oder Haushaltshilfe in dem Stadtstaat leben. Nur wenigen der überaus privilegierten Expatriates aus der

Managerelite gelingt es, die Staatsbürgerschaft Singapurs zu erwerben.

Für einen demokratischen, sozialen Rechtsstaat wie Deutschland wäre es völlig kontraproduktiv, erhebliche Teile der Bevölkerung von der Staatsbürgerschaft auszuschließen, weil es unseren Zusammenhalt und unsere moderne Identität bedrohen würde. Im Gegenteil erlaubt erst der Zugang zu unserer gemeinsamen politischen Kultur den entspannten Umgang mit ethnischer, kultureller und religiöser Differenz in allen Fragen jenseits der *res publica*. Die Vereinigten Staaten von Amerika funktionieren seit mehr als zwei Jahrhunderten genau nach diesem Prinzip, dass Herkunft letztlich nicht erheblich ist, sondern die Treue zur amerikanischen Verfassung und zu den *Stars and Stripes*. Einen solchen Verfassungspatriotismus haben so unterschiedliche Autoren wie Dolf Sternberger in den sechziger, Jürgen Habermas in den achtziger und Heiner Geißler in den neunziger Jahren schon als Integrationsmechanismus auch der Bundesrepublik beschrieben. Gleichwohl ist dieses Konstrukt bislang immanent und implizit wirksam – und eben nicht mit der beinahe zivilreligiösen Inbrunst, die uns als Europäer in den USA so regelmäßig irritiert.

Der Stolz auf eine freiheitlich demokratische Verfassung hat auch etwas mit den in der Vergangenheit erfolgreich bestandenen Kämpfen um Anerkennung zu tun, die jeden Prozess der Demokratisierung prägen. Die Freie und Hansestadt Hamburg ist eine traditionsreiche Stadtrepublik, in der die Bürgerrechte zum Selbstverständnis des Gemeinwesens gehören. Doch selbst hier, wo über Jahrhunderte Liberalität und Weltoffenheit einen zentralen Platz haben, waren diese

Bürgerrechte über weite Zeiträume der Geschichte nur einem sehr kleinen Teil der Bevölkerung zugänglich. Bis vor gut 100 Jahren hielt ein vordemokratisches Zensuswahlrecht die Mehrheit der Stadtbevölkerung, darunter alle Frauen, von repräsentativer Mitwirkung fern. Die Sozialdemokratische Partei, die von dieser Bevölkerungsmehrheit getragen wurde, konnte deshalb nur wenige Abgeordnete in das Hamburger Landesparlament, die Bürgerschaft, entsenden. Erst unter dem Druck des revolutionären Umbruchs nach dem Ersten Weltkrieg wurde dieser Anachronismus beendet und das allgemeine und gleiche Wahlrecht 1919 eingeführt.

Als Erster Bürgermeister der Freien und Hansestadt Hamburg bemühe ich mich sehr, möglichst viele ausländische Mitbürgerinnen und Mitbürger, die die gesetzlichen Voraussetzungen erfüllen, davon zu überzeugen, die deutsche Staatsangehörigkeit anzunehmen. Sie erhalten einen Brief von mir, in dem ich sie bitte, über die Möglichkeit nachzudenken, Deutsche zu werden. Die Bemühungen haben einigen Erfolg: In den vergangenen Jahren ist die Zahl der Einbürgerungen, die im Vergleich zu anderen Bundesländern in Hamburg bereits hoch war, weiter gestiegen. Das stimmt mich zuversichtlich. Denn wer sich einbürgern lässt, vertraut darauf, dass es ihm, der Familie, den Kindern bei uns gut gehen wird.

Mehrere Mal im Jahr lade ich in den großen Festsaal des Hamburger Rathauses alle neu Eingebürgerten zu einer Feier ein. Hunderte von Familien kommen dann, oft zum ersten Mal in ihrem Leben, in diesen imposanten Bau an der Alster, um im besten Anzug oder Kleid ihre Einbürgerung zu feiern. Stellvertretend für alle erhalten etwa 20 von ihnen ihre Einbürgerungsurkunde feierlich von mir überreicht, dann wird gemeinsam die Hamburg-Hymne und die Nationalhymne gesungen – und es ist immer wieder ein berührender Moment, weil in den Augen der Migrantinnen und Migranten in diesen Augenblicken der Stolz sichtbar wird, jetzt von diesem Deutschland ganz offiziell aufgenommen zu sein als Bürgerin und Bürger dieses Landes.

Die Bundesrepublik ist ein Land mit klaren Werten und Regeln. Gerade das ist ein Grund dafür, dass unser Land heute in der Welt so attraktiv erscheint und für viele zum *Hoffnungsland* geworden ist, eben weil es gute Lebensbedingungen, eine verlässliche Verwaltung, eine unabhängige Justiz und insgesamt einen hohen Lebensstandard verspricht.

Wenn wir Integration ernst nehmen wollen und Zuwanderung als eine Realität, auf die Europa sich einstellen muss und von der Deutschland profitiert, müssen wir den Migrantinnen und Migranten, die in unser Land kommen, ein ehrliches Angebot machen. Sie müssen das Gefühl erhalten, erwünscht zu sein und gebraucht zu werden. Und der deutsche Pass als sichtbarer Ausweis der Zugehörigkeit dürfte eine nicht zu unterschätzende Motivation dafür sein, in unserem Land wirklich anzukommen.

RELIGIÖSE PLURALITÄT

In der aktuellen Debatte über die Folgen des Flüchtlingszustroms der jüngeren Zeit tritt ein Aspekt stärker in den Vordergrund als in vorangegangenen Diskussionen über Migration: die Religion. Oder genauer: die Religion, der das Gros der Zuwandererinnen und Zuwanderer angehören – der Islam. Das Diktum des damaligen Bundespräsidenten Christian Wulff vom Herbst 2010, dass der Islam zu Deutschland gehöre, bewegt bis heute viele Gemüter. Die Angst vor den fanatischen und gewalttätigen Strömungen des Islam wird von Kritikern der Migration immer wieder als Argument ins Feld geführt, weshalb Deutschland keine Flüchtlinge aufnehmen sollte. So taucht die Religion als wichtiger Aspekt der Zuwanderung in der öffentlichen Diskussion auf. Wenn wir darüber diskutieren, wie es gelingen kann, trotz solcher Vorbehalte Flüchtlinge bei uns zu integrieren, lohnt ein genauerer Blick auf das bestehende Verhältnis zwischen Staat und Religionsgemeinschaften und darauf, welche Unterstützung sie bieten können im Bestreben, dass sich Migrantinnen und Migranten bei uns zurechtfinden.

Deutschland und seine Kultur sind stark von der christlich-jüdischen Tradition geprägt worden – und werden bis heute davon maßgeblich beeinflusst. Die Mehrheit der Deutschen gehört unverändert einer der beiden großen christlichen Kirchen an; im Verhältnis dazu leben vergleichsweise wenige Muslime in Deutschland. Schätzungen sprechen von weniger als fünf Millionen. Als Heranwachsender nahm auch ich am Konfirmationsunterricht der evangelisch-lutherischen Kirche in Hamburg teil, habe die Bibel gelesen und wie selbstverständlich am Religionsunterricht in der Schule teilgenommen. Auf diese Art und Weise prägen unsere religiösen Traditionen unser Land und unsere Kultur, ganz unabhängig von der Frage, woran die einzelnen Bürgerinnen und Bürger tatsächlich glauben oder ob sie überhaupt einen Glauben pflegen. Die öffentliche Sichtbarkeit religiöser Überzeugungen ist daher auch Ausweis einer modernen Gesellschaft, die in der Lage ist, Differenz auszuhalten. Folglich ist die wachsende Sichtbarkeit des Islam in der Öffentlichkeit auch ein Beleg der zivilgesellschaftlichen Reife unseres Landes – und keineswegs Ausdruck einer Politisierung der Religion, wie manche Beobachter meinen, wenn sie den kategorialen Fehler machen und den Islam mit den fundamentalistischen Ausprägungen des Islamismus verwechseln.

Die überwiegende Zahl der Schutzsuchenden, die seit 2014 in unser Land gekommen sind, haben in ihrer Heimat erlebt, wozu religiöse Konflikte führen können und welches unsagbare Leid beispielsweise die Terrorgruppe »Islamischer Staat« in Syrien und Irak diesen Ländern gebracht hat, deren Gewalt sich unterschiedslos gegen Christen wie auch Muslime richtet. Andere stammen aus Staaten, in denen es eine friedliche Koexistenz unterschiedlicher Religionen und Weltanschauungen gibt.

Die Migrantinnen und Migranten stoßen jetzt in Deutschland oft zum ersten Mal in ihrem Leben auf einen Staat, in dem Religionsfreiheit herrscht. Sie gehört zu den in der Verfassung verbürgten Grundrechten und beinhaltet die Freiheit, seine Religion ausüben zu können, genauso wie die Freiheit *von* Religion. Über viele Jahrhunderte lang hat es auf der Welt keine Religionsfreiheit gegeben, sie ist eine historisch fragile und relativ moderne Errungenschaft. Deshalb ist es wichtig, das Konzept der Religionsfreiheit in unserem Gemeinwesen eingehender zu betrachten – wichtig sowohl als Erläuterung für jene, die zu uns kommen, als auch zur Selbstvergewisserung für alle, für die Religionsfreiheit selbstverständlich ist.

Im säkularen und freiheitlichen Rechtsstaat ist mit Religion immer ein Plural gemeint: die Religion*en*. Noch pluralistischer wird es dadurch, dass die Religionsfreiheit, wenn es ein wirklich freier Staat ist, immer auch für die Freiheit steht, keiner Religion anzugehören und keine Religion auszuüben. Es müssen also immer sowohl die Religionen als auch die Nichtreligionen bedacht werden. Der UN-Menschenrechtsausschuss plädiert deshalb für ein sehr weites Verständnis von Religions- und Weltanschauungsfreiheit. Der entsprechende Artikel 18 des Internationalen Pakts über bürgerliche und politische Rechte (ICCPR) umfasst deshalb klugerweise »theistische, nicht-theistische und atheistische Anschauungen sowie das Recht, sich zu keiner Weltanschauung oder Religion zu bekennen.«

Unser Grundgesetz hat ein besonderes Modell des säkularen Staates vorgesehen. Die Verfassung bekennt sich in Artikel 4, Absatz 1 und 2 Grundgesetz uneingeschränkt zur Glaubens-, Gewissens- und Bekenntnisfreiheit und verlangt damit staatliche Neutralität in Religionsfragen. Zugleich sichert die Verfassung den Religionsgemeinschaften aber auch Privilegien zu und kooperiert mit ihnen. In Artikel 7, Absatz 3, Satz 2 GG heißt es, dass der Religionsunterricht »in Übereinstimmung mit den Grundsätzen der Religionsgemeinschaften« erfolgt.

Um die Bedeutung von Religionsgemeinschaften zu ermessen, lohnt ein Blick ins Werk von Immanuel Kant. Der Königsberger Philosoph, der selbst angab, religiös zu sein, hat im Jahr 1798 in bemerkenswerter Weise die Aufgaben des Staates beschrieben und fand, für die Kirche bleibe an staatlichen Aufgaben nicht viel. »Was den Staat in Religionsdingen allein interessieren darf, ist: wozu die Lehrer derselben anzuhalten sind, damit er nützliche Bürger, gute Soldaten, und überhaupt getreue Untertanen habe«, heißt es im *Streit der Fakultäten*. Diese sehr praktische Nützlichkeitsbetrachtung findet sich übrigens im Zweiten Teil des Allgemeinen Landrechts für die Preußischen Staaten, dort heißt es im elften Titel, Paragraph 13: »Jede Kirchengesellschaft ist verpflichtet, ihren Mitgliedern Ehrfurcht gegen die Gottheit, Gehorsam gegen die Gesetze, Treue gegen den Staat, und sittlich gute Gesinnungen gegen ihre Mitbürger einzuflößen.« Eine deutliche Formulierung der Anforderung des säkularen Staates an die Religionen.

Knapp 200 Jahre später sieht es der deutsche Verfassungsrechtler und Rechtsphilosoph Ernst-Wolfgang Böckenförde ähnlich wie Kant – wenn auch mit einer ganz anderen Konsequenz. Böckenförde schließt in seinem Aufsatz über *Die Entstehung des Staates als Vorgang der Säkularisation* mit der Frage, ob der säkulare Staat auch eine Entchristlichung bedeutet. Er verneint dies, insofern die Religionsfreiheit ja (nicht ausschließlich) die Freiheit von Religion bedeutet, sondern mit dem freiwilligen positiven Bekenntnis zur Religion einhergehe. Und dann kommt im letzten Abschnitt die Passage, die als »Böckenförde-Diktum« bekannt geworden ist: »Der freiheitliche, säkularisierte Staat lebt von Voraussetzungen, die er selbst nicht garantieren kann.« Die tragenden, *homogenitätsverbürgenden* inneren Regulierungskräfte, so Böckenförde, habe der moderne Staat durch seine Emanzipation von der Religion eingebüßt. Die Nation und der Sozialstaat seien bisweilen an die Stelle der Religion gerückt, aber die Bürgerrechte allein erscheinen Böckenförde nicht ausreichend. Deshalb meint er, die Aufgabe der Religion, und er denkt vor allem an die christliche, liege darin, gesellschaftliche Bindungskräfte zu liefern.

Wir brauchen aber im 21. Jahrhundert Bindungskräfte, die Pluralität ermöglichen und auch aushalten. Ein moralisches, wertgebundenes Verhalten ist nicht abhängig von einer Konfession. Gesellschaftliche Bindungskräfte und eine werteorientierte Haltung gibt es sehr wohl auch bei Atheisten und Nichtgläubigen. »Die Moral, sofern sie auf dem Begriffe des Menschen als eines freien, eben darum aber auch sich selbst durch seine Vernunft an unbedingte Gesetze bindenden Wesens gegründet ist, bedarf weder die Idee eines andern Wesens über ihm, um seine Pflicht zu erkennen, noch einer andern Triebfeder als des Gesetzes selbst, um sie zu beobachten«, schreibt Kant. Im säkularen Staat übernehmen Religionsgemeinschaften, da wären sich Böckenförde und Kant einig, die Aufgabe, für den sozialen Zusammenhalt zu sorgen. Sie sind aber nicht die Einzigen, die das tun.

Das deutsche Grundgesetz verlangt vom Staat einerseits,

neutral zu sein und spricht zugleich Religionsgemeinschaften eine besondere Rolle im Staat zu. Das entspricht somit nicht dem republikanischen Laizismus, der streng neutral ist wie der französische oder der türkische Kemal Atatürks, der jede Religion aus öffentlichem Handeln verbannt. Nein, in Deutschland herrscht eher ein »Kooperationsmodell«, wie die Rechtswissenschaftlerin und Philosophin Maria Pottmeyer es beschreibt, das eine Mittelstellung einnimmt zwischen dem Staatskirchentum auf der einen und der strikten Trennung zwischen Staat und Kirche auf der anderen Seite. Man könnte sagen, es geht um eine zugewandte Kooperation des Staats mit den Religionsgemeinschaften.

Verträge des Staates mit Religionsgemeinschaften sind ein klares Zeichen einer Trennung von Religion und Staat. Historisch kann man das deutlich erkennen: Die Einheit von Staat und Kirche benötigte keine Verträge. Die Reformation im 16. Jahrhundert veränderte das Deutsche Reich, und es kam zu einer territorialen Zersplitterung, weil Veränderungen des Glaubens immer auch Veränderungen in der Herrschaftsstruktur nach sich zogen. Und es galt schon als Erfolg, als nach dem Dreißigjährigen Krieg vereinbart wurde, dass das Bekenntnis der Fürsten für die Konfession ihrer jeweiligen Untertanen ausschlaggebend ist.

Erst mit der Weimarer Verfassung von 1919 wurde das landesherrliche Kirchenregiment beendet. Sie legte fest, dass es keine Staatskirche gibt. Damit einher ging eine Öffnung der Verfassung für das Prinzip der Pluralität. Die Weimarer Verfassung gewährleistete erstmalig die »Freiheit der Vereinigung zu Religionsgesellschaften«. Festgelegt wurde auch, dass der Staat nicht darüber entscheiden kann, ob sich Religionsgemeinschaften gründen dürfen oder nicht. Sie erklärte ausdrücklich: »Der Zusammenschluss von Religionsgesellschaften innerhalb des Reichsgebiets unterliegt keinen Beschränkungen.«

Das war ein Paradigmenwechsel. Die Kirchen galten nunmehr als »Religionsgesellschaften«, erläutert der Kirchenhistoriker Wolfram Kinzig, »und unterlagen damit im Prinzip dem Vereinsrecht.« Die Weimarer Verfassung legte die Grundlage für das Verhältnis von Staat und Kirche in Deutschland, das heute weitgehend noch gilt. Sie machte Kirchen und Glaubensgemeinschaften zu dem, was wir heute NGOs nennen: Nichtregierungsorganisationen.

Dennoch führte auch die Weimarer Verfassung eine Reihe von Sonderregelungen für Religionsgesellschaften ein, die diese gewissermaßen bevorzugten. Dazu gehörten Bestimmungen wie zum Beispiel die Verfasstheit von Religionsgesellschaften als Körperschaften des öffentlichen Rechts, das Selbstbestimmungsrecht der Kirchen, das Recht, die Kirchensteuer mit Hilfe des Staates einzuziehen, der Schutz des Sonntags und der staatlich anerkannten Feiertage.

Zudem erhalten die christlichen Religionsgesellschaften seit dieser Zeit in einigen Ländern staatliche Zuwendungen. Diese Leistungen sind ein Relikt der Verstaatlichung von kirchlichen Gütern, die teils bis ins 17. Jahrhundert zurückreicht. Die in der Verfassung vereinbarten Staatsleistungen waren eine Art Wiedergutmachung für diese Inbesitznahme. Die Bestimmungen der Weimarer Verfassung wiederum stützten sich auf eine Vereinbarung, die im Reichsdeputationshauptschluss enthalten war, dem letzten bedeutenden Gesetz des Heiligen Römischen Reiches von 1803.

Überall in Deutschland wurden nach dem Zweiten Weltkrieg umfassende Verträge mit christlichen Kirchen geschlossen: Hamburg bildete aus geschichtlichen Gründen in dieser Hinsicht sehr lange eine Ausnahme, weil es der dortigen Tradition entsprach, ohne solche Staatsverträge mit den Kirchen zusammenzuarbeiten. Hamburg blickt auf gut zwölf Jahrhunderte Geschichte zurück, viele markante Beispiele für den Umgang mit Religionen und Glaubensgemeinschaften finden sich darin. Hamburgs Gründungsmythos ist eng mit einem Bischofssitz verbunden, wenn auch das Wirken des ersten Erzbischofs Ansgar, seit 831 mit einer Missionslegation für den Norden ausgestattet, zeitlich begrenzt blieb. Die dänischen Wikinger vertrieben ihn schon 845 aus der Stadt, und er siedelte um nach Bremen.

Als Hamburg sich 1529 für die Reformation entschied, war danach die Kirche Luthers lange so etwas wie die Staatskirche, oder um es mit dem Begriff der englischen Tradition zu sagen, die *established church*.

Im Jahr 2005 schloss Hamburg mit den beiden großen christlichen Kirchen Staatsverträge. Diese Verträge waren nicht deshalb bemerkenswert, weil sie finanzielle Dinge regelten, denn es wurde lediglich der Status quo festgeschrieben. Der Vertrag mit dem Heiligen Stuhl bestätigte etwa, dass aus dem Preußenkonkordat und der Eingemeindung preußischer Gebiete in den 30er-Jahren von der römisch-katholischen Kirche keine Leistungen mehr beansprucht werden konnten. Neu an den Verträgen von 2005 war der gemeinsam erklärte Wille, das große Spektrum sozial-, bildungs- und gesellschaftspolitischer Aktivitäten der Kirchen in einer vertraglichen Form zu verdeutlichen.

Im Jahr 2007 folgte der Vertrag mit der Jüdischen Gemeinde in Hamburg, der einen ähnlichen Charakter hatte und doch darüber hinausging. Hier wurden akribisch die schon bestehenden Leistungsvereinbarungen aufgenommen. Sie erklärten sich aus der Verfolgung der Juden im Nationalsozialismus und der damaligen Zerstörung jüdischen Lebens und jüdischer Kultur in Hamburg. Dazu kam ein Element der Gleichstellung: Der Vertrag wurde »nach dem Vorbild und in Anlehnung« an die Verträge mit der evangelischen und katholischen Kirche geschlossen. Und er wurde um Regelungen erweitert, »die die Stellung und das Wirken der Jüdischen Gemeinde in Hamburg in ihrem Verhältnis zur Stadt« ausgestalten, wie es in der Begründung heißt. Stadt und Jüdische Gemeinde betonten ausdrücklich die symbolische Bedeutung des Vertrags: Der Vertrag mit der Jüdischen Gemeinde in Hamburg war (und ist) getragen von dem Ziel, die Jüdische Gemeinschaft in der Mitte der Gesellschaft zu positionieren. Der Vertrag reagierte auf die deutsche Geschichte und den Antisemitismus in der Gesellschaft: Er ist ein Signal der Zugehörigkeit und des Respekts. Das war eine ganze neue Qualität: Denn die Staatskirchenverträge mit den christlichen Kirchen betreffen nur die Kooperationsbeziehung zwischen Staat und Religionsgemeinschaften, sie bestätigten die Rechte und die Rechtsstellung der Kirchen und bringen sie in eine vertragliche Ordnung.

Noch einmal anders war die Funktion der Verträge, die Hamburg 2012 mit einigen islamischen Verbänden schloss, was bundesweit für Aufmerksamkeit sorgte. Am 13. November 2012 unterschrieb der Senat mit den drei islamischen Verbänden DITIB-Hamburg, Schura Hamburg und Verband der Islamischen Kulturzentren (VIKZ) sowie mit der Alevitischen Gemeinde Deutschland eigene Verträge. Ihr Ziel war es zuallererst, religiöse Realitäten in der Stadt anzuerkennen. In Hamburg gibt es 130 000 Muslime, ein großer Teil der Migrantinnen und Migranten in Hamburg sind Muslime.

Das Signal wurde bundesweit beachtet und verstanden. *Spiegel Online* schrieb, dass Hamburg das erste Bundesland sei, das einen Vertrag mit muslimischen und alevitischen Verbänden geschlossen habe, deshalb hießen sie fortan »Hamburger Verträge«.

Erstmals in Deutschland sind damit religionsrechtliche Verträge mit Religionsgemeinschaften geschlossen worden, die nicht den Status einer Körperschaft des öffentlichen Rechts besitzen. Der Hamburger Senat hat die islamischen und alevitischen Verbände als Religionsgemeinschaften behandelt und damit das Zeichen gesetzt, dass er sie ernst nimmt. Das Ziel, ein Zeichen der Anerkennung zu setzen, war klar, doch der Weg dahin war steinig, denn lange Zeit hatte der Staat keine eindeutigen Ansprechpartner in den islamischen Gemeinschaften, weil die Religion anders als das Christentum und das Judentum weniger fest strukturiert ist. Mit rechts- und religionswissenschaftlichen Gutachten musste die Stadt klären, ob der Begriff Religionsgemeinschaft, der ja schon in der Verfassung vorkommt, auf die späteren Vertragspartner überhaupt anwendbar war. Die Hamburger Ergebnisse, dass dies möglich sei, wurden inzwischen durch ähnliche Gutachten über islamische Verbände in anderen Bundesländern bestätigt. Der besondere Fortschritt: Die Verträge wurden mit mitgliedschaftlich organisierten Verbänden geschlossen. Eine Neuerung in der Geschichte des Islam. Die Voraussetzungen dafür waren gut, weil in Hamburg die Moscheegemeinden überwiegend in den Verbänden organisiert sind, mit denen die Stadt Verträge geschlossen hat.

Nicht mit allen muslimischen Gemeinden sind solche Verträge vereinbart worden, und sie erheben auch nicht den Anspruch, *alle* Muslime in Hamburg eingebunden zu haben. Und doch ist die Bedeutung dieser Verträge beträchtlich, weil sie ein Signal der Anerkennung, des Gesehenwerdens, der Würdigung sind. Im Jahr 2014 folgte Hamburg dem Beispiel Hessens und erkannte die Ahmadiyya-Gemeinde als Körperschaft öffentlichen Rechts an. Zum ersten Mal erhielt damit in Deutschland eine Vereinigung aus dem muslimischen Bereich den Status einer öffentlichen Körperschaft.

Ich hielte nichts davon, wenn jetzt überall hastig solche Verträge geschlossen werden würden. Bisher ist nur Bremen dem Hamburger Beispiel gefolgt, andernorts wird darüber diskutiert. Solche Debatten sind sinnvoll, denn die Verträge können nur das Ergebnis einer sorgfältigen Diskussion sein und müssen an Traditionen anknüpfen, die in den deutschen Ländern aus geschichtlichen Gründen sehr unterschiedlich sind. In Hamburg war es zwingend, die Diskussion mit allen Glaubensrichtungen zu führen; denn wenn man neu anfängt, Verträge zwischen Staat und Kirchen zu verhandeln, muss man die heutigen religiösen Gegebenheiten berücksichtigen.

In Hamburg sind wir froh, dass wir jetzt über diese Verträge verfügen. Unzählige Flüchtlinge aus Syrien, aus Afghanistan, aus Irak kommen jetzt nach Hamburg, finden auch religiöse Anknüpfungspunkte in unserer Stadt – und erleben, teils zum ersten Mal in ihrem Leben, religiöse Toleranz. Die Verträge sind kein Mittel, Religionsfreiheit zu gewährleisten.

Das ist gar nicht möglich, denn Religionsfreiheit ist zuallererst ein Menschenrecht, und das heißt, es ist ein Freiheitsrecht für Menschen. Aber die Verträge sind eine Form der Anerkennung und ein Ausdruck von Religionsfreiheit.

Allerdings würde Religionsfreiheit missverstanden, wenn man es mit der Liste der Religionen verwechselt, die der Staat in irgendeiner Weise auswählt. Das wäre ganz im Gegenteil eine Begrenzung von Religionsfreiheit. Dazu gibt es auf internationaler Ebene zahlreiche Beispiele: Staaten, die christliche Konfessionen und den Islam anerkennen, aber nicht die Zeugen Jehovas oder Bahai oder Hindus. Wenn der Staat die religiöse Toleranz auf einige Religionen beschränkt, mahnt der ehemalige UN-Sonderberichterstatter für Religions- und Weltanschauungsfreiheit, Heiner Bielefeldt, gehe damit zugleich eine systematische Ausgrenzung der anderen einher.

Mit Blick auf die Integration sei noch einmal festgehalten, dass die Anerkennung und Gewährleistung der Religionsfreiheit als Menschenrecht eine Pflicht des Staates ist. In erster Linie ist das die Anerkennung des Glaubens der Bürgerinnen und Bürger, unabhängig von der Frage, welche religiöse Tradition innerhalb des Staates vorherrscht.

Die Kooperation mit den Religionsgemeinschaften gehört zum modernen Staat. Es ist eine Zusammenarbeit mit bewährten Partnern, die bestimmte Aufgaben bewältigen und zur Integration der Gesellschaft beitragen, weil sie wichtige Anlaufstellen für Flüchtlinge sein können, weil sie es ihnen ermöglichen, ihren Glauben auszuüben, und zugleich wichtige Fragen des Alltags in der Kirche, Synagoge, Moschee oder im Tempel zu klären. Die Zusammenarbeit gründet auf einem partnerschaftlichen Verhältnis zwischen Kirchen und Staat.

Auch im säkularen Staat werden zahlreiche Aufgaben eben immer noch und immer auch von Religionsgemeinschaften übernommen. Für die Integration der Schutzsuchenden, die in den vergangenen Jahren nach Deutschland gekommen sind, können die Religionsgemeinschaften, auch die islamischen Gemeinden wichtige Aufgaben übernehmen, die der Staat allein nicht schafft.

STRESSTEST FÜR DIE OFFENE GESELLSCHAFT

Terroranschläge erschüttern unsere Gesellschaft immer wieder neu. Demokratien sind vor dem Terror genauso wenig gefeit wie autoritäre Staaten. Nationalstaaten mit hart bewachten Grenzen und Sicherheitsbehörden mit weitreichenden – rechtsstaatliche Begrenzungen überschreitenden – Kompetenzen wie die Türkei, Iran oder Russland sind ihnen genauso ausgesetzt wie Länder der Europäischen Union oder die USA. Niemand kann vollständig vor Terroranschlägen sicher sein. Der Anschlag auf den Weihnachtsmarkt in Berlin im Dezember 2016, bei dem zwölf Besucher ermordet wurden und Dutzende schwer verletzt, hat uns diese bittere Wahrheit ein weiteres Mal schmerzlich bewusst gemacht. Zuvor schon hatten uns Nachrichten aus Ansbach und Würzburg aufgerüttelt.

Und doch dürfen wir uns mit dem Terror nicht abfinden. Gerade als offene Gesellschaften nicht. Für solche Taten gibt es keine Entschuldigungen und Rechtfertigungen. Der Staat muss mit allen ihm zu Gebote stehenden Mitteln seine Bürgerinnen und Bürger schützen.

Offene Gesellschaften sind demokratische Gesellschaften. Und in demokratischen Gesellschaften gibt es keine Sprechverbote. Es ist eine demokratische Tugend, auszusprechen was ist. Dass nicht nur der jüngste Terroranschlag von einem Flüchtling verübt wurde und dass hinter einer ganzen Reihe von Anschlägen, die das demokratische Europa in jüngster Zeit erschüttert haben, Flüchtlinge oder Personen mit Migrationshintergrund gestanden haben, gehört deshalb ausgesprochen. Auch um die überwältigende Mehrheit der Zuwanderer umso entschiedener gegen pauschale Verdächtigungen in Schutz zu nehmen. Das ist auch hinsichtlich der Fakten gar nicht schwer. Die deutschen Sicherheitsbehörden beobachten aktuell zwischen 500 und 600 islamistische Gefährder. Die Zahl ist nicht gering. Und doch ist das nur eine kleine Zahl im Verhältnis zu der großen Zahl der Flüchtlinge, die in Deutschland leben. Das gilt noch mehr im Verhältnis zu den 17 Millionen Bewohnerinnen und Bewohnern unseres Landes mit einem Zuwanderungshintergrund.

Übrigens ist es auch völlig richtig, die der Polizei vorliegenden Zahlen hinsichtlich der Kriminalität von Ausländern offen anzusprechen. Und darzulegen, wie diese Zahlen im Verhältnis zur Kriminalität der Deutschen stehen – dass sie prozentual höher ausfallen zum Beispiel. Aber eben dann auch wiederzugeben, wenn einmal eine eher rückläufige Entwicklung festzustellen ist. Oder dass die polizeiliche Kriminalstatistik belegt, dass die Hauptgruppen der gegenwärtigen Fluchtmigration aus Syrien, dem Irak oder Afghanistan in der Kriminalitätsstatistik viel seltener auftauchen, als zum Beispiel Personen aus dem westlichen Balkan oder den Maghreb-Staaten.

Als es Silvester 2015 in mehreren deutschen Städten zu

sexuellen Übergriffen durch Flüchtlinge und Zuwanderer kam, löste das völlig zu Recht große Aufregung aus. Nicht nur wegen der ekligen Taten. Sondern auch, weil das Handeln der Täter zugleich ein Angriff auf unsere Kultur und Lebensweise war. Alle sind sich einig, dass die Täter bestraft gehören und hier nicht bleiben können. Leider konnten bisher nur wenige Täter der Silvesternacht verurteilt werden. Zum Jahreswechsel 2016/2017 hat die Polizei in den Städten mit einem Großaufgebot für Sicherheit gesorgt. Bleibt zu hoffen, dass sich solche Ereignisse nicht wiederholen.

Aber es geht um mehr.

Wenn wir jetzt aus humanitären Gründen viele Flüchtlinge bei uns aufnehmen, stellen wir gleichzeitig Anforderungen: Die demokratische, säkulare und tolerante Gesellschaft, die die Flüchtlinge freundlich aufnimmt, wird sich natürlich verändern, aber sie wird weiterhin demokratisch, säkular und tolerant sein. Deutschland darf und muss darauf bestehen, dass nicht nur Unterkunft, Nahrung und Hilfe angenommen, sondern auch unsere Werte akzeptiert werden. Werte wie Leistungsbereitschaft und Zuverlässigkeit, die unsere Arbeitswelt prägen, freiheitliche Werte wie Selbstbestimmung und Respekt, die den Umgang mit Religion und Sexualität bestimmen, und politische Werte wie Partizipation und Anerkennung von Opposition.

Unter keinen Umständen werden wir es zulassen oder hinnehmen, dass die mühselig und über sehr lange Zeiträume erstrittenen Fortschritte im Verhältnis von Frauen und Männern nun infrage gestellt werden. Hier kann es kein kulturelles Appeasement geben. Männliche Migranten aus Kulturkreisen, in denen die Frauen unverändert patriarchalisch unterdrückt werden, müssen die bei uns geltenden Rechte ihrer Frauen und Töchter akzeptieren. Und sie müssen lernen, dass sich alle Frauen und Mädchen in Deutschland frei und offen bewegen können und dass sexuelle Belästigung und sexueller Missbrauch bestraft werden. Es war deshalb richtig, nach den erwähnten Silvestervorfällen das Sexualstrafrecht zu verschärfen und den Grundsatz »Nein heißt Nein« dort zu verankern. Es war kein Ruhmesblatt für unser Land, dass diese nötigen gesetzlichen Klarstellungen erst nach diesen Ereignissen erfolgten.

In Zusammenhang mit Zuwanderung ist oft von der offenen Gesellschaft die Rede. Allerdings werden die Überlegungen des österreichisch-britischen Philosophen Sir Karl Popper dabei ziemlich missverstanden, und aus dem liberalen Staat, den er meinte, wird eine Gesellschaft ohne Grenzzäune gemacht. Das ist mehr als ein sprachliches Missverständnis.

Die Grundwerte der offenen Gesellschaft sind laut Popper Gerechtigkeit und Humanität. Die offene Gesellschaft ist keine Utopie, auch nicht die Methode auf dem Weg in eine Utopie. Sie lebt vom politischen Optimismus, ohne damit etwas anderes zu verbinden als das Ziel der Verwirklichung von Gleichheit und Freiheit. Das ist ein prinzipiell nicht abgeschlossener Zustand, es ist eine Haltung. Dabei geht es immer um zwei Perspektiven: die der Bürgerinnen und Bürger untereinander – und die zwischen ihnen und den Institutionen der offenen Gesellschaft.

Nicht zu vergessen dabei ist: Die elementare Form der Freiheit sind die Grundrechte. Dabei sind ganz grundlegend das Recht auf körperliche Unversehrtheit und die Geltung der Grundrechte im Sinne ihrer Durchsetzung – oder ganz allgemein gesprochen: das berechtigte Vertrauen der Bürgerinnen und Bürger darin, dass Gesellschaft und Staat ihre Freiheitsrechte schützen, ihnen also Sicherheit bieten. Die offene Gesellschaft braucht Grenzen, sowohl rechtlich als auch nach außen.

»Offen« ist die Gesellschaft, insofern es auf jedes Individuum ankommt. Die offene Gesellschaft ist Ausdruck der Auffassung, dass Subjekte in jedem Moment den Lauf der Geschichte beeinflussen können. Sie basiert auf der Verantwortung, die mündige Bürgerinnen und Bürger für sich, ihre Familie und die Gesellschaft übernehmen. Sie ist eine Aufforderung zur Gestaltung und Partizipation.

Offen heißt vor allem zukunftsoffen. Offen sind deshalb auch ihre Institutionen: offen gegenüber den Bürgerinnen und Bürgern und offen gegenüber Veränderungen. In einer geschlossenen Gesellschaft ist die berufliche, politische oder persönliche Position durch Herkunft vorbestimmt. Die offene Gesellschaft lebt von sozialer Mobilität, sie ist nach unten und oben offen. Die Dynamik der offenen Gesellschaft muss sich aus dem rechtsstaatlichen Prinzip gleicher Freiheit sowie entsprechenden Gewährleistungen von Eigentums- und Berufsfreiheit, politischer Freiheit und Partizipation speisen.

Die offene Gesellschaft setzt auf die Geltung von demokratischen Institutionen, rechnet aber auch mit ihrer Fehlbarkeit. So mussten Frauen und viele Minderheiten das Prinzip der Teilhabe am demokratischen Prozess und der Gleichwertigkeit vor dem Gesetz erst einfordern. Alle zentralen Institutionen der demokratischen Gesellschaften haben sich im Laufe der Jahrhunderte verändert. Die Stärke der Institutionen zeigt sich in ihrer Offenheit gegenüber Verbesserungen. Offene Gesellschaften sind Gesellschaften, die »Versuch und Irrtum« erlauben.

Immer wieder heißt es, die offene Gesellschaft sei besonders verletzlich. Ja, man hat fast den Eindruck, sie werde immer dann so oft beschworen, wenn Gefahr droht. Was macht die offene Gesellschaft stark? Und was sind die Gefahren und Gefährdungslagen?

Stark sind offene Gesellschaften, weil die Bürgerinnen und Bürger Vertrauen in die zentralen gesellschaftlichen Institutionen haben: Dazu gehören die politischen Parteien und die demokratischen Verfahren, die Polizei und der Rechtsstaat, die Sicherheit in öffentlichen Verkehrssystemen und auf öffentlichen Plätzen, die Redlichkeit der Presse und die Bedeutung der Meinungsfreiheit, das zivilgesellschaftliche Engagement und der Zusammenhalt trotz aller Unterschiede. Zum Vertrauen in die Institutionen gehört auch das Vertrauen, sicher zu sein. Vertrauen, dass man im öffentlichen Raum flanieren kann, ohne angegriffen zu werden (ein Problem, das häufig Minderheiten haben), das Vertrauen, sicher zur Arbeit zu kommen, im Restaurant Freunde treffen zu können, im Netz einkaufen zu können, ohne unnötig Daten preisgeben zu müssen und vieles mehr. Alle westlichen Staaten sind von dieser enormen Sicherheit und diesem spezifischen Vertrauen in die Institutionen gekennzeichnet, ein Vertrauen, das den meisten im Alltag kaum bewusst ist. Die offene Gesellschaft ist verletzbar. Aber sie hat eine nicht zu unterschätzende Widerstandskraft.

Schwach wird die offene Gesellschaft nicht etwa, wenn klar wird, dass das rechtsstaatliche System ergänzt werden muss, wenn die Sicherheitsvorkehrungen angesichts neuer Gefährdungslagen nachtariert werden oder Grundrechte aufgrund neuer technischer Entwicklungen (wie der Digitalisierung) noch einmal anders geschützt werden müssen, sondern wenn das vernachlässigt wird.

Schwach wird die offene Gesellschaft nicht etwa, wenn man die demokratischen Verfahren kritisiert, sondern wenn man eine Gesellschaft will, die ohne auskommt. Schwach wird die offene Gesellschaft nicht etwa, wenn es ökonomische oder soziale Unterschiede gibt. Sie sind vielmehr das Ergebnis der sozialen Mobilität innerhalb der Gesellschaft und bedürfen eines klug ausgehandelten Ausgleichs.

Schwach wird eine offene Gesellschaft vielmehr immer dann, wenn Grundrechte und Demokratie nur formaler Natur sind und tatsächlich ausschließlich wirtschaftliche Macht oder Zugehörigkeit über die persönliche Entfaltung, über Chancen, soziale Mobilität und den politischen Einfluss entscheiden. Dann schließt sich die offene Gesellschaft und droht ihren Modernitätskern zu verlieren. Das ließ sich etwa im Frühkapitalismus beobachten, und auch im heutigen Russland lässt sich studieren, wie die Öffnungstendenzen noch zu schwach sind, um sich gegen die autoritäre Schließung des Landes durchzusetzen.

Die Terrorgruppe »Islamischer Staat« ist ein Feind der offenen Gesellschaft. Sie will erklärterweise: terrorisieren, rekrutieren und polarisieren. Polarisieren ist der Schlüssel. Die Angst in breiten Bevölkerungsgruppen, die durch den Terror ausgelöst wird, soll spalten – und das betrifft sämtliche Gemeinschaften, nicht nur die im Westen. Es sollen politische Entscheidungen provoziert werden, die falsch und unbedacht sind, die ohne Angst nicht sinnvoll erschienen wären. Das

Ziel ist die Radikalisierung der Gegner, damit sich diese gegen ihre eigene Gesellschaft wenden. Die Gegnerschaften innerhalb der Gesellschaften sollen radikalisiert werden, weil das destabilisiert und die Rekrutierung neuer Kämpfer erleichtert. Deshalb spielen Islamophobie und die radikale Rechte den erklärten Zielen der Terrormiliz in die Hände.

Aktuell sind zwei Sorten von Fundamentalismus und Terrorismus besonders bedrohlich: Islamismus und Rechtsterrorismus. Der Dschihadismus des »Islamischen Staates« wurde spätestens mit den Pariser Anschlägen global. Auch al-Qaida ist global, wie die Anschläge vom 11. September 2001 gezeigt haben. Der Rechtsterrorismus ist beispielsweise aus Norwegen und den USA (*white supremacism*) bekannt und leider auch durch den NSU in Deutschland.

Für die Perspektive der offenen Gesellschaft ist wichtig: Alle Terroristen gehen von der Ungleichwertigkeit der Menschen aus. Das Ziel von Terroristen ist es, dass möglichst viele andere auch an die Ungleichwertigkeit von Menschen glauben, und in ihrem Alltag Institutionen vorfinden, die diese Annahme bestätigen. Das Prinzip der Wertlosigkeit bestimmt auch die Haltung der Terroristen zu ihren Opfern: Sie werden alle reihenweise nicht als Menschen betrachtet, die Opfer werden dehumanisiert, diese Sichtweise gehört auch zur Terrorausbildung.

Der Terrorismus kann Menschen ermorden. Die offene Gesellschaft aber kann nur durch ihre Bürgerinnen und Bürger stabilisiert oder auch destabilisiert werden. Es kommt auf unsere Haltung an, die Haltung zueinander und die Haltung zu den Institutionen der offenen Gesellschaft.

Terroristen wollen, dass sich die Unterschiede in der offenen Gesellschaft in Abneigung und Vorurteile in Hass verwandeln. Wenn schon ein arabisch aussehender Mensch mit Rucksack in der U-Bahn plötzlich Angst auslöst, haben sie einen Punktsieg errungen, aber noch lange nicht gewonnen. »Je suis Charlie«, »Je suis Berlin«, also »Nous sommes comme vous – wir sind wie ihr«, lauten die Antworten aus aller Welt auf die terroristischen Anschläge. Wir sind wie ihr, das ist auch die Antwort auf die Frage: »Wie schützt sich die offene Gesellschaft gegen Terrorismus?« Die Solidarität auf Grundlage des gemeinsamen Menschseins ist die stärkste Ressource gegen Fundamentalismus und Terrorismus, die die Überlegenheit einer Religion, einer Weltdeutung oder einer Rasse predigen.

Der Politikwissenschaftler Benjamin Barber hat schon vor 20 Jahren in seinem Buch *Jihad versus McWorld* darauf hingewiesen, dass der Fundamentalismus oft auch eine paradoxe Kehrseite der globalisierten Moderne und ihrer kulturellen Errungenschaften sei. Aus Angst um die eigenen kulturellen Wurzeln und noch mehr aus der ganz handfesten Angst davor, nicht konkurrieren zu können und in zerfallenden Staaten längst abgehängt zu sein, verschließen sich manche der Globalisierung. Sie führen Krieg gegen die offenen Gesellschaften, die sie als Bedrohung ihrer traditionellen und religiösen kulturellen Entwürfe empfinden. Der gefühlte Mangel an Anerkennung der eigenen Kultur und sehr konkrete soziale Kränkungen bilden so den Nährboden, auf dem skrupellose Extremisten und Dschihadisten eine tödliche Ressource im Kampf um Macht und Wohlstand wachsen lassen können, die mittlerweile selbst verwirrte Jugendliche in unseren offenen Gesellschaften auf makabre Weise anziehend finden.

Dabei handelt es sich hier nicht um den immer wieder beschworenen »Kampf der Kulturen«, den Samuel P. Huntington prophezeit hat. Die Kämpfe finden weit überwiegend innerhalb der Kulturkreise statt und überschreiten nur in spektakulären Ausnahmefällen deren Grenzen. Meist geht es um Konflikte zwischen einer modernen, einer traditionellen und einer fundamentalistischen Auslegung der eigenen Religion oder Kultur.

Ganz egal, wie naheliegend es ist, dass die Täter aus einer einzelnen Gruppe kommen, müssen wir uns vor Augen führen, dass die überwiegende Zahl Opfer auch aus dieser Gruppe kommen. Die meisten Opfer des weltweiten islamistischen Terrorismus sind Muslime.

Die Gesellschaft wird sich immer wieder uneins sein, aber die Ressource Solidarität ist unverzichtbar. Die Freunde der offenen Gesellschaft, die Verteidiger von Freiheit und Menschenrechten dürfen sich nicht spalten lassen. Das gilt auch für die Angriffe von Terroristen, die sich gegen Minderheiten richten. Man sieht das am Beispiel des Anschlags auf einen Club für Homosexuelle im US-Bundesstaat Florida im Frühsommer 2016: Der Täter von Orlando war ein Einwanderer muslimischen Glaubens – doch auch viele Schwule und Lesben sind muslimischen Glaubens, und unter den Opfern befanden sich viele Einwanderer. Die mutigste Antwort auf Terrorismus ist die Solidarität. Die Solidarität der Vernünftigen trotz aller Verschiedenheiten und Uneinigkeiten.

Die offene Gesellschaft ist stärker gegen Terrorismus, weil sie alle Möglichkeiten hat, sich dagegen zu wehren: mit den Mitteln des Rechtsstaats und den Instrumenten der Verteidigung, mit den Mitteln der Sicherheit und des Schutzes, und mit der Meinungsfreiheit und der Solidarität. Die offene Gesellschaft ist manchmal angreifbarer, weil es in offenen Gesellschaften viel üblicher ist, sich gemeinsam und frei auf öffentlichen Plätzen zu treffen, und weil Verbrecher immer wieder versuchen, den Rechtsstaat auszutricksen. Aber die offene Gesellschaft ist auch widerstandsfähiger, wenn und weil ihre Bürger daran glauben können, dass sie auf der richtigen Seite stehen und sie alles dafür tun werden, ihre demokratischen Institutionen zu schützen.

Pluralismus ist die Stärke der offenen Gesellschaft, denn Pluralismus ist die einzige Form, in der die Gleichwertigkeit der Menschen ausgedrückt wird. Schon Kant schrieb, über den Weltbürger sinnierend, von der »ungeselligen Geselligkeit«, die den Menschen dazu führe, die Gemeinschaft mit anderen zu suchen, sich aber dann gleich zu streiten, weil andere den Hang haben, nicht das zu tun, was man selber möchte. Deshalb sind Gesellschaften, die die Pluralität ihrer Bürgerinnen und Bürger nicht akzeptieren, ständig damit beschäftigt, das Andersartige auszugrenzen und die Energien der Mehrzahl der Bürger zu beschneiden. Das zeigte die Diktatur des Proletariats ebenso wie die Diktatur im Namen einer Religion oder einer Ethnie.

Die Gleichwertigkeit der Menschen anzuerkennen, ist die große und sicher auch schwierige Aufgabe der offenen Gesellschaft. Denn wir wissen aus täglicher Erfahrung: Menschen sind nicht gleich. »Menschen sind gleich in einigen wichtigen Punkten und ungleich in anderen.« (Karl Popper) Es ist deshalb immer wieder wichtig, zu klären, an welchen Punkten das Prinzip der Rechtsgleichheit ansetzt. Darin liegt übrigens auch eine große Verantwortung von Menschenrechtsgruppen und allen Engagierten für Minderheiten: immer wieder verständlich zu erklären, was das Anliegen ist. Wehrhaftigkeit und Stärke gehören wie Respekt und Freiheit zu den Tugenden einer offenen Gesellschaft, das lehrt uns die historische Erfahrung. Deshalb verlangt unsere Verfassung, sich gegenüber Feinden der Freiheit, der Demokratie und des Rechtsstaats zur Wehr zu setzen. Die offene Gesellschaft ist das, was wir verteidigen, und daraus bestimmen sich auch die Methoden, mit denen wir das tun.

Was können wir tun? Wir brauchen leistungsfähige und gut ausgestattete Sicherheitsbehörden, Polizeien und Nachrichtendienste. An der Sicherheit zu sparen, ist gerade in liberalen Staaten ein Fehler. Sie müssen gegenüber den Bürgerinnen und Bürgern die Einhaltung der Gesetze gewährleisten. In Deutschland waren die lange Zeit allerorten und auch bei den Bundesbehörden praktizierten Personalkürzungen ein Fehler. Der Trend ist glücklicherweise längst gedreht, und dabei muss es bleiben.

Zu den wichtigsten Aufgaben der Zukunft gehört aber eine permanente Verbesserung der Zusammenarbeit der Sicherheitsbehörden in Deutschland und in Europa. Das ist schon im föderalen Deutschland eine Herausforderung. Noch mehr gilt das für die Staaten der Europäischen Union.

Die Grundlage gelingender Zusammenarbeit wird eine vereinheitlichte IT-Struktur der verschiedenen Sicherheitsbehörden der europäischen Staaten und der Europäischen Union sein. Der Austausch von Informationen über Straftäter und Gefährder muss in Echtzeit gelingen, denn Lücken können gefährlich sein. Wenn in Griechenland oder Italien ein Straftäter und abgelehnter Asylbewerber entlassen wird, müssen deutsche Behörden bei einer Personenkontrolle oder bei der Vorsprache vor deutschen Behörden diese Informationen sofort abrufen können. Wir haben schon im Zusammenhang mit den Notwendigkeiten einer gemeinsamen intelligenten Außengrenze der EU und einer gemeinsamen europäischen Verantwortung für die Flüchtlinge gelernt, welche Bedeutung dem Datenaustausch zukommt. Das gilt natürlich auch für die Bekämpfung von Terrorismus und Kriminalität. Wenn wir Europa als gemeinsamen Rechtsraum verstehen, sprechen auch die Belange des Datenschutzes nicht dagegen. Zaudern-den Datenschützern muss man entgegenhalten, dass die gemeinsame Außengrenze das Binnen Europas bestimmt. Wer das aus Datenschutzgründen nicht akzeptiert, muss Grenzen im Innern fordern. Alles andere wäre nicht konsequent und in dem Sinne auch nicht redlich.

Selbstverständlich muss es möglich sein, Gefährder, deren Asylantrag abgelehnt wurde, in Abschiebehaft zu nehmen und aus der Haft abzuschieben. So wie heute schon verurteilte Straftäter rechtmäßig aus der Haft abgeschoben werden. Dazu sind Schritt für Schritt die Möglichkeiten verbessert worden. Wer nicht deutscher Staatsbürger ist und in Kreisen verkehrt, die unsere Sicherheit gefährden, sollte durchaus zügig ausgewiesen werden können. Das ist in einem Rechtsstaat aus gutem Grund nicht einfach durchzusetzen. Aber da sich hierzulande ja jeder an die Gerichte wenden kann, wenn er glaubt, dass ihm Unrecht geschieht, sollten wir uns nicht scheuen, immer wieder darüber nachzudenken, wie wir effektiv gegen Personen vorgehen können, die die Sicherheit unseres Landes und unsere Freiheit bedrohen. Sogar nach der Genfer Flüchtlingskonvention verwirken Flüchtlinge, die in ihrem Gastland die Sicherheit gefährden, ihren Schutz. Auf Schutz, heißt es in Artikel 33, könne sich ein Flüchtling nicht berufen, der »aus schwerwiegenden Gründen als eine Gefahr für die Sicherheit des Landes anzusehen ist, in dem er sich befindet, oder der eine Gefahr für die Allgemeinheit dieses Staates bedeutet, weil er wegen eines Verbrechens oder eines besonders schweren Vergehens rechtskräftig verurteilt wurde«.

Terrorismus – und immer auch Kriminalität – setzen die offene Gesellschaft einem Stresstest aus. Wenn sie entschlossen zu handeln versteht, wird sie den Test bestehen.

RECHTER POPULISMUS
UND SCHLECHTE LAUNE

Zur neuen Wirklichkeit und zur ganzen Wahrheit im *Hoffnungsland* Deutschland gehört eine zunehmend kritische Haltung im Land gegenüber den Entscheidungen des Staates in der Flüchtlingssituation vom Sommer 2015. Spätestens mit den Vorkommnissen in der Silvesternacht 2015 rund um den Kölner Hauptbahnhof hat sich die öffentliche Debatte verändert, und sie wird nicht mehr ausschließlich geprägt von der bejubelten und bewunderten »Willkommenskultur«, sondern stärker dominiert von Skepsis und der Besorgnis, ob Deutschland das tatsächlich »schafft«, wie es die Bundeskanzlerin im Herbst 2015 versprochen hatte. Jeder einzelne Fall eines Diebstahls, eines sexuellen Übergriffs, eines Überfalls oder einer anderen schrecklichen Gewalttat, an der ein Ausländer beteiligt ist, findet seither gesteigerte Aufmerksamkeit und schürt diese Besorgnis weiter.

Ein kritischer Blick auf die Spätsommer-Monate jener Zeit ist, wie ausführlich geschildert, berechtigt. Es war nicht gut, dass der Staat – aufgrund des schieren Drucks an seinen Grenzen und der blanken Not der Frauen, Männer und Kinder, die damals Tausende Kilometer zu Fuß unterwegs waren und von einem zum nächsten Staat einfach weitergeschickt wurden – die Kontrolle für eine gewisse Zeit verloren hat. So etwas sollte uns nicht wieder passieren – und die gesetzgeberischen und verwaltungsrechtlichen Schritte der vergangenen Monate stimmen zuversichtlich, dass in einer vergleichbaren Situation ein solcher Kontrollverlust vermeidbar sein wird.

Die Kritik am Flüchtlingssommer 2015 und die Sorge vor dem Kontrollverlust reichen aber viel tiefer. Sie vermischen sich mit den vielschichtigen Ängsten mancher Bürgerinnen und Bürger, in der Moderne nicht mehr »mitzukommen«. Darunter fällt nicht so sehr die Sorge vor dem technischen Fortschritt, sondern die Sorge, nicht mehr genügend Einfluss auf das eigene Leben und die eigenen Entscheidungen zu haben, weil alles von diesem amorphen Begriff der Globalisierung beeinflusst scheint. Die Globalisierung wird nicht als Bereicherung empfunden, sondern als Bedrohung. Denn mit der Globalisierung wird die Abwanderung von Arbeitsplätzen ebenso erklärt wie das Stagnieren der Löhne, die Finanzkrise in der Europäischen Union oder der weltweite Terrorismus.

Beim Thema Zuwanderung, scheinbar auch so eine Folge der Globalisierung, geht es deshalb nicht allein um effiziente Verwaltung, passgenaue Förderung und eine gelungene Integration. Es geht auch darum, Sorgen und Ängsten offen zu begegnen.

Einer geht die Sorge vor dem Kontrollverlust mit der Tatsache, dass unser Leben längst nicht mehr so vorherbestimmt ist wie in früheren Zeiten, als nach Schule und Ausbildung in der Regel ein vorgeprägter Berufsweg stand und schließlich eine auskömmliche Rente. Die Liberalität und Freiheit unserer Gesellschaft, die Gleichberechtigung von Mann und

Frau, die größere Selbstbestimmtheit sind eine große Errungenschaft, die manche aber auch verunsichert, weil sie eben zugleich mehr Risiko bedeuten. Auch wenn die überwiegende Zahl der Bürgerinnen und Bürger diese Entwicklungen als positiv bewerten, gibt es Menschen, die sich davon bedroht fühlen, ihre eigene Position gefährdet sehen und sich die alte »Ordnung« zurückwünschen.

Diese Sorge schlägt sich nieder darin, dass fast in ganz Europa rechte Parteien Zulauf verzeichnen. Überall in unserer Nachbarschaft sind in den vergangenen Jahren und Jahrzehnten rechtspopulistische Parteien entstanden, deren Anfänge oft unbemerkt blieben, die aber über die Jahre an Wählerstimmen und Einfluss gewannen. Sei es der Bürgerbund Fidesz in Ungarn, die polnische Partei »Recht und Gerechtigkeit« (PiS) oder der Front Nationale in Frankreich. Die Independence Party in Großbritannien fristete lange ein Nischendasein auf der Insel, hat im Frühsommer 2016 allerdings den gigantischen »Erfolg« erzielt, mit freundlicher Unterstützung des offensichtlich überforderten britischen politischen Establishments, das Vereinigte Königreich aus der EU zu befördern.

Rechte Parteien finden sich aber selbst im liberalen Skandinavien. Die Volkspartei in Dänemark und die Fortschrittspartei in Norwegen sind Gruppierungen, die ursprünglich aus Protest gegen die Steuerpolitik entstanden, mittlerweile dort aber fester Bestandteil der parteipolitischen Landschaft geworden sind und an der Politik mitwirken, Ressentiments gegenüber Fremden pflegen und viel stärker als in ihrer Anfangszeit auch sozialpolitische Forderungen aufstellen. Sowohl in Dänemark als auch in Norwegen tragen die Rechtspopulisten inzwischen die Regierungen mit. In Schweden und in Finnland haben sich mit den Schwedendemokraten und mit der Partei »Die Finnen« sehr ähnliche Parteien etabliert. Die Partei »Die Finnen« ist trotz ihres recht kurzen Bestehens bereits an der Regierung beteiligt.

In den Niederlanden gelang Geert Wilders die Sammlung von Wählern für seine rechtspopulistische Formation. Und in Österreich ist die rechte FPÖ mittlerweile ein ernst zu nehmender Faktor der Politik des Landes und verlor nur sehr knapp die Stichwahl um das Bundespräsidentenamt in der Alpenrepublik.

All diese Gruppierungen zeichnen zwei Dinge aus: das Ressentiment gegenüber Fremden – und eine wahnsinnig schlechte Laune. Es stellt sich die Frage, wieso es in wirtschaftlich erfolgreichen und politisch vergleichsweise stabilen Ländern einen Nährboden gibt für schlecht gelaunte, rechts populistische Politik.

Populismus lebt davon, irrationale Sorgen zu formulieren und das »Gegnerische« zu übertreiben. »Aber das wird man doch noch sagen dürfen«, lautet die gängige Formel dafür. Eine weitere Konstante ist der Glaube an die allerorten sprießenden Verschwörungstheorien. Sie bieten ein einfaches, kohärentes Weltbild in einer komplizierten und unübersichtlichen Zeit – und steigern noch das Gefühl, in der modernen Welt jeder Entwicklung ohnmächtig ausgeliefert zu sein.

Ressentiments, Chauvinismus und eine Affinität für autoritäre Perspektiven vermitteln in der unübersichtlichen Welt neuen Halt. Sie negieren den Umstand, dass in der modernen Gesellschaft jede Norm, jede Setzung, jede Übereinkunft eine Begründung und die Akzeptanz der Argumente braucht. Sie gaukeln vielmehr vor, dass jene Gewissheiten noch Gültigkeit besitzen, denen zufolge die Mitglieder einer Gesellschaft aus der Tradition ihrer Gruppe heraus wissen, wo ihr Platz zu sein hat und was sie zu tun haben. Das mag auch erklären, warum die AfD und andere rechtspopulistische Parteien so viel Gefallen finden am Russland Wladimir Putins. Man erkennt einander. Oder dass ein Mann wie Donald Trump die US-Präsidentschaftswahlen gewinnen konnte. All dies sind Gründe, die dazu führen könnten, dass sich auch in Deutschland eine rechtspopulistische, autoritäre und von Ressentiments getriebene Partei etabliert – auch wenn das längst noch nicht entschieden ist.

Die moderne Welt ist komplex, sie ist kompliziert und dicht miteinander verwoben. Das bedeutet auch, dass die wechselseitigen Abhängigkeiten zunehmen. Kein Land der Erde ist mehr in der Lage, seine Probleme alleine zu lösen; nicht einmal die USA. Fortschritt lässt sich nur im Konzert mit anderen erreichen. Deshalb sind internationale Verhandlungen und Absprachen so nötig: G7-/G8-Gipfel, G20-Treffen, EU-Ratstagungen oder die Plenarsitzungen der Vereinten Nationen, all das sind die Foren für diese oft langwierige, häufig freudlose und in der Regel mühevolle Suche nach Kompromissen und Verhandlungsfortschritten. Schon auf europäischer Ebene sind solche Übereinkünfte häufig sehr schwierig. Selbst erfahrene Unterhändler mag diese Suche nach dem gemeinsamen Nenner mitunter verdrießen. Wen wundert es da, wenn andere aus dem Frust heraus, wesentliche Geschehnisse in der modernen Welt nicht (allein) beeinflussen zu können, solche Verhandlungen per se kritisieren: So wird beispielsweise die Europäische Union zum Sündenbock für den eigenen Frust, seinen Willen nicht einfach durchsetzen zu können. Dabei markieren gerade dieses Ringen miteinander, die Mühsal der Kompromissfindung, den einzig Erfolg versprechenden Weg, die Kontrolle zu behalten in dieser komplizierten, globalisierten und eng vernetzten Welt. All das erzeugt bei einigen schlechte Laune und eine Sehnsucht nach der alten Übersichtlichkeit:»Zurück zur Nation!«, heißt es dann. Obwohl – und das ist wichtig zu erkennen – gerade nationale Lösungen in einer Welt von bald zehn Milliarden Menschen keine Aussicht auf Erfolg haben.

Das Versprechen von Vereinfachung scheint global aktuell der Populismus einlösen zu können. In Deutschland war das lange anders. Nach dem Zweiten Weltkrieg hat sich in Deutschland keine Partei mehr am rechten Rand des Parteienspektrums auf Dauer etablieren können. Aus gutem Grund: Die Bürgerinnen und Bürger in Deutschland haben eine Aversion gegen Parteien, die an die braune Vergangenheit Nazideutschlands erinnern. Selbst neu entstandene rechte Parteien, die sich ursprünglich nicht von rechtsextremen Unterstützern vereinnahmen lassen wollten, gerieten häufig doch unter wachsenden Einfluss von Extremisten, eben weil sich dieses Milieu von solchen Parteien angezogen fühlt – und verloren damit an Akzeptanz. Dies war und ist ein Ausweis der gut funktionierenden Demokratie in unserem Land und eines erfolgreichen Parteienwettbewerbs im demokratischen Zentrum.

Mit dem Aufkommen der AfD stellt sich nun die Frage, ob es so bleibt, dass sich rechts von den Unionsparteien keine Partei stabil in den Parlamenten etablieren kann. Immerhin sitzt die AfD nun in einer ganzen Reihe von Landtagen. Zur

Bildung rechtspopulistischer Parteien braucht es in der Regel einen »populistischen Moment«. Im Sommer 2015 war mit der europäischen Flüchtlingskrise ein klar ausländerfeindlicher »populistischer Moment« da.

Ein Grund für die schlechte Laune sind sicher die schlechteren Perspektiven der unteren und mittleren Einkommensbezieher in den klassischen Industriestaaten. Nur eine glaubwürdige Politik, die Gerechtigkeit im Angesicht von Globalisierung und Digitalisierung real gewährleistet, macht unsere Gesellschaften immun gegen schlechte Laune und Fortschrittsoptimismus möglich. Davon wird im abschließenden Kapitel noch zu sprechen sein.

Natürlich sollte man die Suche nach objektiven, sozialwissenschaftlichen Erklärungsmustern für den Rechtspopulismus nicht übertreiben. Die wirtschaftliche Lage und die Unsicherheiten, die die Moderne mit sich bringt, führen nicht zwangsläufig dazu, für rechtspopulistische Parolen empfänglich zu werden. Viele Bürgerinnen und Bürger wählen als Konsequenz andere Parteien. Die Fremdenfeindlichkeit, wie sie für alle rechtspopulistischen Parteien wesentlich ist, speist sich häufig genug auch einfach aus mangelndem moralischen Bewusstsein – und das muss klar und offen kritisiert werden.

Für den Umgang mit diesen Parteien empfiehlt es sich, unaufgeregt zu bleiben. Provokationen gehören zum Wesen rechtspopulistischer Parteien. Man muss nicht auf jede Provokation reagieren. Dann verpufft sie oft unbemerkt. Diese Parteien sind ziemlich rechtspopulistisch, aber meist nicht rechtsradikal. Wenn sich Rechtsradikale in ihren Reihen tummeln, ist das aufzuzeigen. Aber man sollte sie nicht insgesamt als rechtsradikal diffamieren, dann setzt man sich nur ins Unrecht, übertreibt selbst und spielt ihr Spiel. Man sollte überhaupt immer zur Sache reden – und nicht über die Existenzberechtigung rechtspopulistischer Parteien an sich. Denn in der Sache haben diese Parteien keinerlei Konzepte und keinerlei Lösungen zu bieten, sondern eben nur schlechte Laune. Die meisten Bürgerinnen und Bürger wissen: Mit schlechter Laune lässt sich die Zukunft nicht gewinnen.

HOFFNUNGSLAND –
UNSERE CHANCEN IN DER ZUKUNFT

Deutschland ist ein *Hoffnungsland* für viele Frauen, Männer und Kinder geworden, die in den vergangenen Wochen, Monaten und Jahren zu uns gekommen sind. Dauerhaft wird das Land diesen Status aber nur rechtfertigen können, wenn sich auch für seine angestammten Bürgerinnen und Bürger die Hoffnungen weiterhin erfüllen. Die Weltoffenheit ist eine unabdingbare Vorbedingung dafür. Doch wenn die Bevölkerung begründet befürchten muss, dass aufgrund dieser Offenheit ihre eigenen Hoffnungen auf ein gutes Leben gefährdet sind, wird sie sich dagegen wenden. Ich habe bereits skizziert, wie wir mit Zuwanderung von Arbeitskräften und Flüchtlingen umgehen sollten, damit das nicht geschieht.

Die Furcht vor den Auswirkungen der Globalisierung auf das eigene Leben und die eigenen Entfaltungsmöglichkeiten kann dazu führen, dass Bürgerinnen und Bürger Zuwanderung strikt ablehnen. Nicht zufällig waren sowohl in den Vereinigten Staaten als auch im Vereinigten Königreich die beiden zuletzt erfolgreichen Kampagnen von starken ausländerfeindlichen Ressentiments getragen. Das klassische »Land der Freien und Heimat der Mutigen« will jetzt eine hohe

Mauer bauen, um sich gegen Migrantinnen und Migranten aus Mexiko buchstäblich abzugrenzen. Großbritannien möchte zwar die Annehmlichkeiten der Europäischen Union weiter nutzen, aber zugleich eine der Grundfreiheiten Europas, die Freizügigkeit, einschränken.

»The World is flat«, konstatiert der US-Journalist Thomas Friedman. Flach wie ein Spielfeld, das allen offensteht, beschreibt er die sich globalisierende Wirtschaft des 21. Jahrhunderts. Die Welt sei flach, weil alle Hürden im Zugang zu den Märkten eingeebnet seien. Die technologischen Entwicklungen machten es möglich, dass nicht nur Waren, sondern auch Daten, Dienstleistungen und Menschen in unmittelbaren Austausch träten – ohne zeitraubende Zwischenträger. Und diese flache Welt betrachtet eine wachsende Zahl der Bürgerinnen und Bürger mit wachsender Sorge.

Das ist nicht verwunderlich. Die Gründe für die Globalisierungsskepsis liegen auf der Hand, nur geraten sie manchmal etwas aus dem Blick. Bereits Ende der neunziger Jahre beschrieb Ralf Dahrendorf die weltweiten Einkommensverschiebungen und den daraus folgenden Druck auf die unteren und mittleren Einkommensschichten in Europa und den USA als eine Ursache für eine wachsende Verunsicherung breiter Bevölkerungsgruppen. »Mittlere und untere Einkommen stagnieren oder sinken: Die für Generationen kennzeichnende Erwartung steigender Realeinkommen gilt nicht mehr.« Zugleich würden die Spitzeneinkommen, insbesondere bei den oberen zehn Prozent, außerordentlich wachsen. »Die Einkommensschere öffnet sich, nachdem sie sich jahrzehntelang tendenziell geschlossen hatte. Es entsteht eine neue Kategorie der Superreichen.«

Das klassische Versprechen – sei tüchtig, dann wird es deinen Kindern einmal besser gehen – erfüllt sich für eine wachsende Anzahl von Frauen und Männern in den Industriestaaten längst nicht mehr ohne weiteres. Deshalb nimmt in den Industriestaaten der Glaube daran ab, dass die Zukunft besser wird. Nicht zu Unrecht, der US-amerikanische Ökonom Branko Milanović hat beschrieben, dass sich viele Staaten in diesem Jahrhundert ökonomisch deutlich dynamischer entwickeln als die Industriestaaten.

Er beschreibt zugleich, dass die Globalisierung Millionen von Menschen weltweit, ganz besonders in Asien, aus der Armut geführt hat. Auch Krankheiten und Bildungsdefizite sind in vielen Teilen der Welt zuletzt so weit zurückgegangen, wie es lange kaum zu hoffen war. Für Millionen von Menschen erfüllt sich erstmals das Versprechen, durch Arbeit und persönliche Anstrengung etwas zu erreichen. In vielen der aufstrebenden Wirtschaftsnationen wächst beständig eine neue Mittelschicht. Auch wenn die Unterschiede des Wohlstands und der Einkommen zwischen den Industriestaaten, Schwellenländern und Entwicklungsländern noch beträchtlich sind und lange noch bleiben werden, ist die wirtschaftliche Dynamik der aufstrebenden Länder hoch. Die Welt ist durch die Globalisierung insgesamt deutlich weniger ungerecht geworden. Die weltweite Armut hat sich verringert.

Die Kehrseite: In den klassischen Industrieländern stagniert vielfach die ökonomische Entwicklung, die Lage der unteren und mittleren Einkommensgruppen verbessert sich nur noch wenig, und manche Gruppen müssen sogar Einbußen hinnehmen, genau wie Dahrendorf es vor knapp 20 Jahren prophezeit hat. Milanović erklärt mit dem Befund seiner

empirischen Untersuchung der wachsenden Einkommens-
unterschiede auch die aktuelle politische Stimmungslage in
den Vereinigten Staaten:»In den USA bezog Mitte der siebzi-
ger Jahre das reichste Prozent der Bevölkerung acht Prozent
des Nationaleinkommens. Heute sind es rund zwanzig Prozent. Viele Leute sind enttäuscht, das schlägt sich in ihrem
Wahlverhalten nieder.«

Die Globalisierung wird für diese Entwicklung verantwortlich gemacht, weshalb der Ruf nach einer nationalen Abschottung lauter wird – in der Hoffnung, diese Entwicklung damit
aufhalten zu können. Selbst in den Vereinigten Staaten, die
traditionell große Unterschiede bei ihren Einkommen akzeptieren und lange vom Freihandel profitiert haben, beginnt die
Globalisierung einen schlechten Ruf zu bekommen.

Das Forschungsinstitut der Unternehmensberatung
McKinsey veröffentlichte unlängst eine Untersuchung mit
dem Titel *Poorer than their parents? Flat or falling incomes
in advanced economies.* Demnach gehören 65 bis 70 Prozent
aller Haushalte in den Industrieländern – das sind 540 bis
580 Millionen Menschen – Einkommensgruppen an, deren
Löhne sich in den vergangenen fünf bis zehn Jahren nicht
erhöht haben oder sogar gefallen sind. Und für die Zukunft
besteht wenig Aussicht auf Besserung, denn die Zahl der
Haushalte, die Einkommensgruppen ohne finanziellen Zu-
wachs angehören, dürfte sich noch auf 70 bis 80 Prozent der
Haushalte erhöhen. Als eine Ursache dafür wird die Konkurrenz genannt, die den Industriestaaten durch eine wachsende
Zahl von gering- und mittelqualifizierten Arbeitskräften in
den aufstrebenden Volkswirtschaften entsteht; etwa 85 Millionen Arbeitskräfte seien in diesen Ländern inzwischen in

der Exportwirtschaft tätig. Weitere Gründe seien im technologischen Fortschritt und in der Digitalisierung zu finden. Die Weltwirtschaft ist flach und sorgt vermehrt für flache Wachstumskurven. Ein genauerer Blick beweist, dass das Wachstum in den Industriestaaten bereits seit Anfang der achtziger Jahre abflacht – ein Befund, der auf alle klassischen Industrienationen und selbst Länder wie Singapur zutrifft, dessen Industrialisierung noch relativ neu ist. So ist die aktuelle Phase der Globalisierung durch ein ökonomisches Rätsel gekennzeichnet: Was ist die Ursache der im Vergleich zu früheren Perioden schwachen Wachstumsraten der klassischen Industriestaaten?, fragen sich die Wissenschaftler. Klar ist den meisten Ökonomen, dass der Erfolg der aufstrebenden Wirtschaftsnationen zwar Auswirkungen auf die Beschäftigung in bestimmten Branchen hat, aber nicht die eigentliche Erklärung für dieses Phänomen sein kann. Die Weltwirtschaft ist kein Kuchen, der nur neu aufgeteilt wird. Tatsächlich müssen die Antworten vorwiegend in den klassischen Industriestaaten selbst gesucht werden.

Es gibt eine Reihe plausibler Antworten. Zu nennen ist einmal das Wachstumshemmnis, das aus einem steigenden Kapitalangebot bei sinkender Investitionsneigung entsteht. An zu vielen Stellen gibt es Privateigentum, das nicht produktiv eingesetzt wird. Für mehr Wachstum müsste es im ganz großen Stil überall auf der Welt investiert werden.

Enttäuscht wurden bislang auch die Erwartungen an die Digitalisierung der Wirtschaft. Noch haben sich die Hoffnung auf wachsende Produktivität und steigendes wirtschaftliches Wachstum nicht so erfüllt wie einst bei der Erfindung des Automobils, elektrischer Geräte oder durch den Wissenszuwachs im Gesundheitswesen. Manche, wie der US-Ökonom Robert Gordon, vermuten bereits, die Zeit der großen Erfindungen sei vorbei.

Klar zu erkennen ist auch der Zusammenhang zwischen Produktivität, Lebenserwartung und Arbeitskräftepotenzialen. In vielen Industrienationen ist der daher rührende Wachstumsimpuls ausgeschöpft, weil die Menschen zwar älter werden, aber im Verhältnis dazu das Arbeitskräftepotenzial nicht mehr steigt. Wenn Staaten ihre demographische Dividende ausgeschöpft haben, können sie das Wachstum offenbar auch nicht mehr so einfach steigern.

Das rasante Wachstum in China hat der Weltwirtschaft zwar einige Jahre über die Flaute der Finanzkrise hinweggeholfen, dies hatte aber steigende Importe aus China in den westlichen Industrienationen zur Folge, was hier wiederum negative Beschäftigungseffekte nach sich zog. Die Konkurrenz für einfache Arbeiter im Westen durch die asiatische Billiglohnkonkurrenz ist keine Erfindung von Populisten, wie umfangreiche Studien für die USA und auch mehrere europäische Staaten belegt haben, sondern längst eine ökonomische Tatsache, die mehr und mehr Leute beunruhigt und kritisch auf die Globalisierung blicken lässt. Die Ursache dieser Entwicklung benannte Dahrendorf schon 1997: »Wettbewerbsfähigkeit in einem unnachsichtigen Weltmarkt verlangt, dass alle Leistungen zum günstigsten möglichen Preis angeboten werden.«

Deutschland ist da keine Ausnahme, auch bei uns hat es Arbeitsplatzverluste gegeben, die mit dem Konkurrenzdruck aus Billiglohnländern verbunden sind. Gleichwohl steht unser Land vergleichsweise gut da, weil unsere Wirtschaft sehr stark von ihrer internationalen Ausrichtung profitiert. Das gilt nicht nur für die großen Unternehmen: Gewonnen haben auch die sogenannten *Hidden Champions* – Mittelständler, die dank technischer Innovationen ihre Produkte höchst erfolgreich auf dem Weltmarkt verkaufen. Die deutsche Wirtschaft hat große Exporterfolge und profitiert von der globalen Kooperation. Die Vermutung liegt nahe, dass es Deutschland aufgrund seiner Stärke im Anlagenbau und bei industriebezogenen Dienstleistungen gelungen ist, als klassische Industrienation noch genügend neue Arbeitsplätze zu generieren. Viele Fabriken, die in Asien billig Konsumgüter produzieren, setzen dabei Maschinen ein, die in Deutschland entwickelt und hergestellt worden sind. Die Folge: Niemals zuvor hatte unser Land einen so hohen Beschäftigungsgrad – und zwar bei Männern und bei Frauen.

Und doch können diese statistischen Werte niemanden trösten, der einen gut bezahlten Arbeitsplatz verloren hat und jetzt weniger verdient oder gar keine Beschäftigung mehr findet. Auch Deutschland verzeichnet stagnierende oder fallende Realeinkommen. In gar nicht so wenigen – durchaus erfolgreichen – Unternehmen haben Betriebsräte und Gewerkschaften über Anpassungen beim Gehalt verhandeln müssen, um den Betriebsstandort wettbewerbsfähig zu halten. Manchmal befinden sie sich dabei in Konkurrenz zu einer Produktionsstätte des eigenen Konzerns irgendwo anders in der Welt. Auch diese Konkurrenz ist eine Erfahrung mit der Globalisierung, die sich tief im Bewusstsein verankert, selbst wenn hinterher die Löhne noch vergleichsweise stabil bleiben. Und der Druck auf die Einkommen ist überall zu spüren. Ein Blick auf die Gehälter von neu eingestellten Flugbegleiterinnen oder neu eingestellten Mitarbeitern an den Terminals der Flughäfen zeigt dies. Immerhin eine prestigeträchtige und international agierende Branche.

Es gibt viele Jobs in Dienstleistungsberufen, die keine oder kaum Aufstiegsmöglichkeiten bieten. Es gibt viele Beschäftigte, die hart arbeiten, aber »aufstocken« müssen, weil der Lohn nicht reicht. Wenn Einkommen knapp sind, gibt es weniger Entfaltungsmöglichkeiten und der Alltag ist deutlich schwerer zu bewältigen. Schon relativ normale Lebensveränderungen, wie ein Umzug, eine Trennung vom Partner oder ein Jobwechsel, können schwer überwindliche Probleme schaffen.

Wie in den Industriestaaten auf dem heutigen Höhepunkt der Globalisierung Gerechtigkeit gewährleistet werden kann, ist deshalb eine der zentralen Fragen des Zusammenhalts moderner Gesellschaften. Das Streben nach Glück, das »Pursuit of Happiness«, muss für alle, die sich anstrengen, auch Aussicht auf Erfolg haben. Nur dann werden die Bürgerinnen und Bürger – gerade auch die mit unteren und mittleren Einkommen – die nötige Offenheit zur Welt befürworten. Glaubwürdigkeit und Stabilität der Sozialen Marktwirtschaft hängen davon ab, dass man mit Erwerbsarbeit sein Leben meistern kann. Es ist wichtig, dass Mühe und Anstrengung sich auszahlen. Wer alles richtig macht, muss klarkommen können.

Ein Blick in die Geschichte: Die Grundlage für diese Einstellung in Deutschland hat schon Martin Luther gelegt. Vor 500 Jahren schlug er der Legende nach seine 95 Thesen an die Schlosskirche zu Wittenberg. In seiner Bibelübersetzung und seinen Schriften redete er ganz neu vom Beruf, er vermittelte, »daß es unserem Herrn Gott gedient heiße, wenn man in Haus und Beruf treulich und fleißig dient«. War Arbeit vorher Sinnbild der Vertreibung aus dem Paradies, entdeckte Luther die Arbeit als Gottesdienst. Arbeit ist seither nicht mehr moralisch abzuqualifizieren, sondern als kulturell wichtig zu begreifen. Dieser protestantische Gedanke prägt unser Land bis heute.

Einen Schritt weiter ging John Locke. Niemand könne bezweifeln, so schreibt der englische Philosoph anno 1689 in seinem Werk *Zwei Abhandlungen über die Regierung,* dass der Mensch sich selbst gehört – und damit auch das, was er hergestellt hat. »Die Arbeit des Körpers und das Werk seiner Hände sind (…) im eigentlichen Sinne sein Eigentum«, lautet das berühmte Diktum von Locke. Den Menschen als Schöpfer der Dinge zu sehen, war ein Bruch mit religiösen und politischen Traditionen. Zuvor hatte über Jahrhunderte als ausgemacht gegolten, dass Armut, Rechtlosigkeit und Arbeit verbunden sind. Dass dem Tätigen das durch Arbeit geschaffene Gut auch zusteht, diese Rechtfertigung von Privateigentum war revolutionär. Die Vorstellung, dass durch Arbeit Anrechte erworben werden, ist ein Kennzeichen der Neuzeit.

Lockes Bild von dem aus der Arbeit entstehenden Produkt ist einprägsam, aber es hat viele Schwächen. Was dem Einzelnen zusteht, ist in der arbeitsteiligen Wirtschaft und noch mehr in der Industrie nicht mehr so einfach zu bemessen, schon gar nicht vom Schreibtisch eines Philosophen aus. Die große Bruchlinie in den politischen Debatten bestand deshalb über Jahrhunderte in der Frage, wie die Volkswirtschaft aussehen muss, in der diejenigen, die ihren Lebensunterhalt mit Erwerbsarbeit bestreiten, erhalten, was ihnen zusteht.

Inzwischen gehört es zum klassischen Wertekonsens westlicher Gesellschaften, dass man sich anstrengt, um etwas zu erreichen, aber auch, dass alle die Chance und die reale Gelegenheit haben sollen, durch Arbeit zu ihrem Einkommen beizutragen. Die Soziale Marktwirtschaft ist eben gerade deshalb so erfolgreich, weil sie für Wohlstand *und* Gerechtigkeit steht.

Diese Werte im Kontext der Globalisierung zu stabilisieren und zu verteidigen, gehört zu den großen Herausforderungen der Wirtschafts- und Sozialpolitik. Sonst ist der soziale Zusammenhalt gefährdet. »Globalisierung bedeutet, dass Konkurrenz groß- und Solidarität kleingeschrieben wird«, beschreibt Dahrendorf das Problem. Ähnlich wie in den Frühzeiten der Industrialisierung, als in Deutschland die sich formierende Sozialdemokratische Partei – gewissermaßen in antagonistischer Kooperation mit dem Bismarck'schen Staat – die staatlichen Sozialversicherungen erkämpfte, ist es auch heute wieder die Situation derer, die von ihrer Arbeit leben wollen und auf gute Arbeitsplätze angewiesen sind, an der sich die Legitimität der wirtschaftlichen Strukturen erweisen muss.

Das hat auch Folgen für die Politik bei uns in Deutschland: Wenn das Wirtschaftswachstum nicht mehr so einfach zu erreichen ist, wenn dann noch die Ungleichheit zunimmt, schwindet mancherorts die Hoffnung, und die politischen Konflikte nehmen zu. Das ist eine strategische Herausforderung, die in ihrem ganzen globalen Kontext verstanden werden muss, denn nur so kann die Frage für die zukünftige Politik in Deutschland adäquat formuliert werden: Wie muss die Soziale Marktwirtschaft in Deutschland ausgestaltet werden, damit unsere Wirtschaft in der Globalisierung gut zurechtkommt und möglichst viele sich und ihre Familie durch Arbeit versorgen können?

Nationale Abschottung kann keine Lösung sein. Deutschland ist die am meisten verflochtene Volkswirtschaft der Welt. Deutschlands Wohlstand hängt unmittelbar von der wirtschaftlichen Zusammenarbeit mit anderen Staaten ab, die aufrechterhalten und weiter ausgebaut werden muss. Die globale Kooperation ist der Garant für Arbeitsplätze und den Wohlstand in unserem Land. Die Bundesrepublik darf sich deshalb nicht abschotten, sondern muss sich vielmehr der gesellschaftlichen Aufgabe stellen, die Soziale Marktwirtschaft unter Bedingungen der Globalisierung für kleine und mittlere Einkommen neu auszurichten.

Je freier Kapital, Waren, Dienstleistungen, Arbeitnehmerinnen und Arbeitnehmer die Grenzen passieren, desto stabiler muss der Sozialstaat seine Bürger schützen. Damit die Weltoffenheit weiterhin auch von jenen mit den kleinen und mittleren Einkommen befürwortet und mitgetragen wird, muss die Soziale Marktwirtschaft ihnen Sicherheit und Perspektiven bieten. Unser Wirtschafts- und Sozialsystem darf die Bereitschaft der unteren und mittleren Einkommensbezieher, sich auf die mit der Globalisierung verbundenen Veränderungen einzulassen, nicht beeinträchtigen.

Die Beachtung von sieben eng miteinander zusammenhängenden Prinzipien kann Deutschland in die Lage versetzen, **eine gerechte Ordnung** trotz der neuen Herausforderungen der Globalisierung zu gestalten.

Erstens: Die Sicherheit, die der deutsche Sozialstaat mit Unfall-, Kranken-, Pflege-, Arbeitslosen- und Rentenversicherung vermittelt, bleibt zentral. Die Bürgerinnen und Bürger müssen sich, wenn es darauf ankommt, auf die Sicherungssysteme des Staates und ihre Leistungsfähigkeit verlassen können. Keine Reform darf diesen Grundsatz verletzen, sonst kann Vertrauen unwiederbringlich verloren gehen. Beispielsweise erfüllt die Absicherung bei Erwerbsminderung diesen Anspruch bereits heute nicht mehr. Auch wenn Arbeitnehmerinnen und Arbeitnehmer alles richtig gemacht haben, genügt die Absicherung nicht, um zurechtzukommen. Das müssen wir zügig reparieren.

Noch besser müssen wir bei der Vermittlung von Arbeitslosen werden. Deshalb müssen die Arbeitsagenturen und die Jobcenter Arbeitssuchende finanziell vernünftig unterstützen und versuchen, sie noch aktiver zu vermitteln. Vielen Arbeitssuchenden wie Arbeitgebern könnte geholfen werden, wenn wir die Stellen der Arbeitsvermittlung massiv ausweiten und viel Geld in eine bundesweite IT-Infrastruktur investieren, um das so wichtige *Matching* zwischen Arbeitssuchenden und Anbietern weiter zu verbessern. Eine solche Software könnte ein echtes Vorzeigeprojekt werden, ein Art deutsche Mondlandungsmission.

Zweitens: Der Sozialstaat muss auf die stagnierenden Einkommen reagieren. Der Mindestlohn ist ein Erfolg und hat einen sehr wichtigen Rahmen geschaffen. Vier Millionen Beschäftigte profitieren direkt von ihm, ohne dass es die von manchen vorausgesagten Beschäftigungseinbrüche gegeben hat. Der Mindestlohn eröffnet auch den Arbeitnehmerinnen und Arbeitnehmern am unteren Rand der Einkommensskala die Chance, dass sie trotz der Globalisierung zurechtkommen können. Klar ist aber auch: Wer vom Mindestlohn leben muss, lebt finanziell in sehr beengten Verhältnissen. Verheerend war das Signal an Millionen fleißige Bürgerinnen und Bürger, dass es vor der Einführung eines gesetzlichen Mindestlohns möglich war, dass Vollzeitbeschäftigte ihren Lebensunterhalt nicht ohne öffentliche Unterstützung bestreiten konnten. Solche Verhältnisse untergraben die Moral einer ganzen Gesellschaft. Der Mindestlohn ist ein wichtiges Signal gegen die Verzweckung des Menschen. Der humane Eigenwert ist bedroht, wenn Arbeitnehmer nur als Kostenstelle betrachtet werden. Der Mindestlohn muss so bemessen sein, dass man seinen Lebensunterhalt ohne öffentliche Hilfe bestreiten kann. Und ein Arbeitnehmer, der mehr als 45 Berufsjahre Vollzeit für einen Mindestlohn arbeitet, sollte im Rentenalter nicht auf öffentliche Abhilfe angewiesen sein. Auch insoweit gilt: Wer alles richtig macht, muss klarkommen.

Drittens: Es muss möglich sein, sein Leben mit Kindern gut zu meistern. Die Entscheidung für Kinder darf kein Hindernis für die Beschäftigungschancen ihrer Eltern sein. Deshalb sind flächendeckende Krippen- und Kita-Plätze sowie Ganztagsangebote in Krippen, Kitas und Schulen so wichtig. Bildungseinrichtungen – von der Krippe bis zu Universitäten – müssen gebührenfrei zugänglich sein. Das entlastet die unteren und mittleren Einkommensbezieher erheblich, was angesichts der Einkommensentwicklung der vergangenen Jahre dringend erforderlich ist.

Viertens: Deutschland braucht Bildung für alle – auf hohem Niveau. Für die Durchlässigkeit der Gesellschaft ist das ebenso entscheidend wie für die individuellen beruflichen Chancen und die Leistungsfähigkeit unserer Volkswirtschaft. Folgerichtig müssen wir die Zahl der Schulabbrecher weiter verringern. Es ist im 21. Jahrhundert ein Anachronismus, dass nicht alle Schülerinnen und Schüler in Deutschland mindestens zehn Jahre eine allgemeinbildende Schule besuchen und dass mancherorts Haupt- und Realschüler weniger Unterrichtsstunden haben als ihre Altersgenossen auf dem Gymnasium. Ich bin froh, dass das zweigliedrige Hamburger Schulsystem diesen Anforderungen genügt. Auf jeder Regelschule, dem Gymnasium oder der Stadtteilschule, ist das Abitur möglich. Alle Schüler gehen mindestens zehn Jahre zur Schule. Es gibt kleine Klassen und überall Ganztagsangebote.

Es ist wünschenswert, dass viele Schülerinnen und Schüler das Abitur erreichen; egal ob sie mit diesem Abschluss eine Berufsausbildung anstreben oder ein Studium. Eine Hälfte jedes Altersjahrgangs wird wohl studieren wollen – und muss das auch können. Die andere Hälfte wird sich beruflich qualifizieren. Das duale Berufsausbildungssystem wird auch künftig eine der Grundlagen des wirtschaftlichen Erfolgs unseres Landes bleiben und Arbeitnehmern weiterhin sichere berufliche Optionen eröffnen. Wie enorm wichtig das System der gemeinsam von Staat und Betrieben getragenen Qualifizierung bisher ist, sehen wir an der im europäischen Vergleich geringen Erwerbslosigkeit von Jugendlichen in Deutschland.

In den Industrieländern der modernen, arbeitsteilig organisierten Weltwirtschaft nimmt ungelernte Arbeit immer mehr ab, Erwerbstätigkeit wird hohe Qualifizierung voraussetzen, also eine gute Ausbildung. Mehrere Bundesländer haben nach dem Modell der in Hamburg entwickelten Jugendberufsagenturen einen zügigeren Übergang von der Schule in eine Berufsausbildung (oder ein Studium) organisiert.

Angesichts sich schnell verändernder beruflicher Anforderungen in einer sich rasch wandelnden Arbeitswelt dürfen die Möglichkeiten zur Qualifizierung nicht, wie heute, auf die ersten Lebensjahre beschränkt bleiben. Ungelernte Beschäftigte müssen mehr Möglichkeiten erhalten, sich im Betrieb noch beruflich zu qualifizieren. Die Qualifizierung zum Meister muss finanziell umfassend gefördert werden. Selbst 40- und 50-Jährigen sollte mit der Förderung einer Berufsausbildung oder eines Studiums ermöglicht werden, beruflich noch einmal neu anzufangen. Damit jeder auf solche Angebote eingehen kann, müssen sie als Rechtsansprüche verankert werden. Der ständige Ausbau der Bildung in den vergangenen 150 Jahren war eine unverzichtbare Bedingung für das wirtschaftliche Wachstum der Industriestaaten und wird das auch für das künftige wirtschaftliche Wachstum sein.

Fünftens: Deutschland braucht bezahlbaren Wohnraum. Deshalb müssen wir eine Wohnungsbaupolitik machen, die Wohnraum schafft, der mit einem Durchschnittseinkommen bezahlbar ist. Gerade in Ballungsräumen, in denen es viele Arbeitsplätze gibt, sind Wohnungen für Familien immer seltener bezahlbar. Hamburg hat in einem gemeinsamen Bündnis von Bauträgern, Behörden und Mietervereinen vorgemacht, wie effizienter Wohnungsbau funktionieren kann. Wir bauen nach dem Prinzip des Drittelmix: Bei allen größeren Neubauvorhaben werden ein Drittel als Mietwohnungen im freien

Wohnungsmarkt geplant, ein Drittel als Sozialwohnungen und ein Drittel als Eigentumswohnungen. Gute und bezahlbare Wohnungen gehören zu den elementaren Grundlagen des Lebens; es ist kein Zufall, dass die Finanzkrise aus einer nicht sozialstaatlich orientierten Wohnungsbaupolitik resultierte.

Sechstens: Deutschland braucht eine moderne Infrastruktur. Deshalb müssen wir unsere Autobahnen und Schienennetze, unsere Häfen und Flughäfen instand halten, ausbauen und modernisieren. Nur wenn das Straßen- und Eisenbahnnetz, die Häfen und die Flughäfen, das Stromnetz und die Breitbandverkabelung Weltniveau entspricht, kann unsere Volkswirtschaft wachsen und ausreichend Beschäftigungsmöglichkeiten anbieten. Auch früher hat der Ausbau der Infrastruktur das Wachstum erst ermöglicht.

Siebtens: Deutschland braucht ein faires Steuersystem. Diejenigen, die über sehr hohe Einkommen verfügen, müssen stärker an der Finanzierung der genannten öffentlichen Aufgaben beteiligt werden. Dazu sind zwar keine grundstürzenden Änderungen nötig, wichtig ist aber, die Steuerflucht, also das Verlagern von Gewinnen in Steueroasen und Offshore-Konten, wirksam zu unterbinden. Das betrifft nicht nur fernliegende exotische Orte, sondern auch manchen EU-Nachbarn. Wenn wir nicht erfolgreich gegen solche manchmal illegalen, oft genug aber sogar legalen Tricks der Steuervermeidung vorgehen, werden wir unser Gemeinwesen finanziell nicht so ausstatten können, wie wir es brauchen. Weder könnten wir uns dann eine Infrastruktur auf Weltniveau leisten noch einen Sozialstaat, der den Anforderungen gewachsen ist, die die Globalisierung an uns stellt.

Weltoffenheit und ein gerechte Teilhabe verbürgender Staat bedingen einander also. Nur ein funktionierender Sozialstaat wird gewährleisten können, dass Bürgerinnen und Bürger die Globalisierung auf Dauer nicht als Bedrohung, sondern als Verbesserung ihres Lebens, als Fortschritt ansehen. Und nur dann bleibt unser Gemeinwesen ausreichend stabil. Nur eine Soziale Marktwirtschaft ist bereit für die Offenheit der modernen Welt.

Um auch künftig auf den Märkten der Welt zu bestehen, braucht Deutschland ein innovationsgetriebenes Wachstum. Bei aller Skepsis von Robert Gordon – ich bin überzeugt, dass die Wachstumsmöglichkeiten, die der Wirtschaft aus der Nutzung der Digitalisierung entspringen, längst nicht ausgeschöpft sind. Bei vielen revolutionären technischen Innovationen der Weltgeschichte hat es zum Teil erheblich länger gedauert, bis die Industrie die Potenziale erkannt hat und nutzen konnte. Das neue Zeitalter der digitalvernetzten Produktion steht noch am Anfang, und damit stehen die Wachstumsschübe der Digitalisierung vermutlich noch aus.

Die beiden US-Wissenschaftler Erik Brynjolfsson und Andrew McAfee sind fest davon überzeugt, dass die Produktivitätsfortschritte, die aus der Digitalisierung folgen, im *Second Machine Age* noch vor uns liegen. Zwar sind sie unsicher, ob das für alle Beschäftigten in den Industrieländern mit vielen neuen, attraktiven Jobs verbunden sein wird. Automatische Warenlager und Verkaufsstellen, selbstfahrende Lastwagen oder Autos sind sicher eine faszinierende Vision –

sie werden aber Routinetätigkeiten von Beschäftigten ersetzen. Doch auch wenn wir die Auswirkungen auf die Beschäftigung noch nicht vorhersagen können, müssen die Verantwortlichen in Wissenschaft, Wirtschaft und Politik auf Innovationen setzen. Nur wenn Deutschland dank technologischer Innovationen auch künftig zur Spitzengruppe der Volkswirtschaften gehört, kann es in einer Welt, in der immer weitere Teile zügig ihren Rückstand zu uns verkürzen, auch künftig seinen Bürgerinnen und Bürgern ausreichend Arbeitsplätze und Wohlstand ermöglichen.

Dieses Konzept hat in der Sozialpartnerschaft in Deutschland eine lange Tradition. Im Wissen um ihre Bedeutung für das Wachstum haben Gewerkschaften und Betriebsräte technische Innovationen in der Regel nicht aufgehalten, sondern oft sogar aktiv vorangetrieben. Im Gegenzug haben sie von den Unternehmen sichere und gut bezahlte Arbeitsplätze für die Belegschaften erwartet – und lange auch erhalten. Diese Fortschrittspartnerschaft könnte auch in Zukunft wieder funktionieren.

Innovationsgetriebenes Wachstum ist immer wieder von Brüchen und notwendigen Veränderungen begleitet. Die Soziale Marktwirtschaft ist deshalb nicht nur unverzichtbar, um die Offenheit gegenüber den Weltmärkten und den Konsequenzen der Globalisierung gesellschaftlich möglich und erträglich zu machen. Auch im Hinblick auf die Digitalisierung ist die Soziale Marktwirtschaft das Konzept, um das durch Innovationen getriebene Wachstum, das für unseren Wohlstand so wichtig ist, um ein hohes Maß an Sicherheit zu ergänzen. Diese Erkenntnis ist wichtig, weil immer mehr Bürgerinnen und Bürger in jüngerer Zeit zweifeln, ob Globalisierung und Digitalisierung ihre eigene Zukunft positiv beeinflussen. Damit wachsen auch ihre Zweifel an der Sozialen Marktwirtschaft als Prinzip, nach dem sich Wirtschaft und Gesellschaft entwickeln. Mit der Skepsis wächst die Unzufriedenheit mit dem Staat. Nur mit einer Politik, die auf die Soziale Marktwirtschaft setzt und damit Sicherheit verspricht in Zeiten wirtschaftlicher Umbrüche, können wir diese Zweifel auf Dauer abbauen.

Der damalige US-Vizepräsident Joe Biden hat die Verbindung zwischen Lohnentwicklung und Wirtschaftswachstum Anfang 2016 beim Weltwirtschaftsforum in Davos eindrucksvoll beschrieben: »Es geht um Chancen. Die Chance, ein ordentliches Leben zu führen, und den Respekt und die Würde, die ein guter Job mit sich bringt. Dass es für alle, die bereit sind, hart zu arbeiten, eine echte Chance gibt, ein gutes Leben zu erreichen. Es gab einmal eine grundlegende Übereinkunft in den Industrieländern: Wenn du zum Erfolg und zur Profitabilität deines Betriebes beiträgst, bekommst du deinen Teil der Profitabilität, deinen Teil vom Gewinn. Diese Übereinkunft existiert nicht mehr – ohne dass sie eine einzelne Firma oder ein einzelner Teil der Gesellschaft gezielt aufgekündigt hätte. Sie ist zerstört. Es gibt eine wachsende Kluft zwischen der Entwicklung der Produktivität und der Entwicklung der Löhne, was zu einer Stagnation führt, zumindest in meinem Land und einigen Ihrer Länder. Ich würde sogar so weit gehen, zu behaupten, dass dies zu einiger politischer Unruhe geführt hat und manche politische Meinung hochgespült hat, die bislang nicht als glaubwürdig galt. (…) Wenn die Leute das Gefühl kriegen, dass sich ihre Chancen auf ein ordentliches Leben zerschlagen, dass sie komplett zerstört sind, reagiert der Mensch unweigerlich mit Angst, Frust und Zorn – was ein fruchtbarer Nährboden ist für reaktionäre Politiker und Demagogen mit fremdenfeindlichen, gegen Zuwanderer gerichteten, nationalistischen und isolationistischen Ansichten. Und das gefährdet den sozialen Zusammenhalt in all unseren Ländern – es schafft Instabilität.«

Das Auftreten autoritärer Politikkonzepte in Reaktion auf die Globalisierung hat ja auch Ralf Dahrendorf in dem bereits ausführlich zitierten Essay *Anmerkungen zur Globalisierung* vorhergesehen. Überall in Europa sind Parteien mit autoritären rechtspopulistischen Vorstellungen zu finden, und in den Vereinigten Staaten hat gerade ein Mann die Präsidentschaftswahlen gewonnen, der seine Begeisterung für autoritäre Führungspersonen offen zeigt.

Milanović hält in den Demokratien der Industriestaaten zwei Entwicklungen für denkbar. In den USA – mit dem Zweiparteiensystem und den unfassbar hohen Kosten politischer Wahlkämpfe – vermutet er im unveränderten Rahmen des demokratischen Systems die Herausbildung einer Plutokratie mit sinkender politischer Beteiligung als wahrscheinliche Antwort auf die Unzufriedenheit der Mittelschichten. Die Kritik an der Plutokratie war das Thema des jüngsten US-amerikanischen Präsidentschaftswahlkampfes. Ironisch, wie die Geschichte manchmal voranschreitet, hat das Anti-Establishment-Votum nun eine Regierung von sehr reichen, älteren, weißen Männern etabliert. Für Europas Demokratien sieht Milanović eine wachsende Bedeutung systemkritischer rechter populistischer Parteien voraus.

Ich teile weder den pessimistischen Blick von Dahrendorf noch den von Milanović auf die Zukunft. Auch wenn sie den Finger in die richtige Wunde legen und zeigen, welche Fehlentwicklungen möglich sind. Es gibt keine zwangsläufige Entwicklung moderner Gesellschaften, und ihre Entwicklung folgt auch keiner Naturnotwendigkeit. Die Tradition der sozialen Demokratie ist gerade in den europäischen Gesellschaften fest verankert. Sie kann die Basis für eine optimistische Perspektive bieten. Und entlang der hier vorgestellten sieben Prinzipien ist eine gerechte Ordnung in der Globalisierung möglich.

Allerdings: Nur eine politische Kraft, die eine liberale Haltung in Bezug auf das Zusammenleben mit einer klaren Solidaritätsperspektive verbindet, kann den Populisten erfolgreich entgegentreten. In manchen Ländern Europas, beispielsweise in Polen, kann man nur noch wählen zwischen einer sozialstaatlichen Partei mit lebensweltlich antimodernen Vorstellungen und Ressentiments auf der einen Seite, und einer streng wirtschaftsliberalen Partei mit modernen Vorstellungen zum Zusammenleben auf der anderen. Das ist ein Drama für die Bürgerinnen und Bürger dieser Länder. Egal welcher demokratischen Partei man meist seine Stimme gibt, darf man deshalb nicht übersehen, was für ein Glück die Existenz einer sozialdemokratischen Partei für Deutschland ist, die uns vor einer solchen Konstellation bewahrt.

Eine nicht selbstverständliche und deshalb wohl neue Einsicht wird für die Zukunft der sozialen Demokratie allerdings zentral sein. Die fortschrittlichen Parteien haben immer wieder dafür gestritten, dass nicht Herkunft und Abstammung alleine darüber entscheiden, welche Möglichkeiten sich im Leben der Bürgerinnen und Bürger eröffnen. Sie haben sich deshalb stets für eine qualitativ hochwertige, allen zugängliche Bildung engagiert. Aufstieg durch Bildung soll möglich sein. Und das ist bis heute eine wichtige Forderung. Trotzdem müssen wir klarmachen, dass das Konzept, wonach wirtschaftlicher oder beruflicher Erfolg strikt dem Leistungsprinzip folgen sollte, alleine für sich den Zusammenhalt moderner Gesellschaften nicht zu garantieren vermag. Nicht nur, weil trotz der größeren Aufstiegsmöglichkeiten auch heute vor allem eine privilegierte Herkunft Garant für eine sichere Zukunft ist. Sondern auch, weil die höhere Durchlässigkeit, die das Bildungswesen ermöglicht, keinesfalls bedeutet, dass sich die sozialen Fragen damit erledigt hätten. Thomas Frank wirft in seiner Polemik *Listen, Liberal. Or: What Ever Happened to the Party of the People?* der Demokratischen Partei in den USA vor, dass sie genau der Vorstellung erlegen sei, dass das so sei. Sie hätte darüber den Kontakt zur Mittelschicht und den unteren Einkommensgruppen verloren – und deshalb auch die letzte Präsidentschaftswahl. Didier Eribon beschreibt in seinem Buch *Rückkehr nach Reims* den Prozess der Ablösung der französischen Linken von ihren Wählern. Die französische Linke habe nach seiner Auffassung über die Idee des möglichen Bildungsaufstieges die soziale Frage vergessen. Deshalb sollten wir festhalten, dass der große Fortschritt im Bildungs- und Hochschulwesen nicht die Illusion erzeugen darf, dass eine schwierige soziale Lage selbstverschuldet sein muss.

Und er darf nicht den Blick darauf verstellen, dass ein gelungenes Leben auch ohne Hochschulabschluss möglich ist und möglich sein muss. Es war wichtig, die von Konservativen aufgestellten und stets heftig verteidigten Bildungsschranken wegzuräumen. Und auch heute gibt es da noch etwas zu tun.

Die Konservativen widersetzen sich beispielsweise fast überall in Deutschland dem Vorschlag, dass man das Abitur an jeder Regelschule erwerben können soll. Aber: Wer Schlosser, Krankenpflegerin, Lagerarbeiter oder Verkäuferin werden und das auch bleiben will, hat im Leben nichts falsch gemacht. Die öffentliche Rede der meist akademisch qualifizierten Mittelschichtsangehörigen in Politik und Medien klingt aber oft so. Und darin liegt eine Kränkung fleißiger Bürgerinnen und Bürger, die sie auch empfinden. Denn auch eine Friseurin, eine Postbotin oder ein Altenpfleger findet Bestätigung im Beruf, verrichtet die Arbeit gewissenhaft und hat ein hohes Berufsethos. Als es noch um Durchlässigkeit im Bildungswesen ging, waren sich alle einig. Dass »unsereins« viele Bildungschancen verschlossen waren, hat auch die empört, die nie den Wunsch verspürt haben, auf das Gymnasium zu gehen oder zu studieren.

Aber die Zeiten sind heute andere. Die Durchlässigkeit unserer Gesellschaft, dass der Aufstieg möglich ist, bleibt eine wichtige Frage. Dazu gehört auch, dass man immer wieder neue Qualifizierungsmöglichkeiten in einer sich rasch ändernden Arbeitswelt hat. Aber Durchlässigkeit heißt nicht, dass jeder und jede die eröffneten Wege auch beschreiten *muss*.

Und der Verweis auf die Durchlässigkeit rechtfertigt nicht, dass sich die Politik etwa nicht dafür engagiert, die wirtschaftlichen und sozialen Perspektiven ungelernter Arbeitnehmerinnen und Arbeitnehmer zu verbessern. Tut sie das nicht, klingt die einst fortschrittliche Forderung nach dem Aufstieg durch Bildung in den Ohren weiter Teile der Bevölkerung nach einem elitären Abgrenzungsmerkmal. Das kann zu gesellschaftlicher Spaltung und auch zur Abwendung von demokratischer Politik führen.

1958 hat der britische Labour-Politiker und Wissenschaftler Michael Young eine Satire geschrieben. Aus der Perspektive des Jahres 2034 schildert er die Entwicklung einer Gesellschaft, die er »Meritokratie« nennt. Da entsteht keine gute Welt. Young beschreibt, wie eine abstammungsorientierte Gesellschaftsstruktur durch eine leistungsorientierte ersetzt wird und beschreibt dann, dass diese genauso pervertieren kann, wenn man die ihr zugrunde liegenden Prinzipien absolut setzt. Ein Aufstand ist dort die Folge. Das Wort hat Karriere gemacht. Gar nicht ironisch wird es überall in der Welt als Ziel beschrieben, eine »meritokratische« Gesellschaft zu schaffen. Young hat sich darüber beklagt und in englischen Zeitungen gebeten, das Wort nicht zu verwenden. Spätestens die politischen Entwicklungen in den USA und in Frankreich – zwei Länder, die sehr früh eine demokratische Revolution hervorgebracht haben – sollte den Letzten belehren, dass daraus kein sozialer Zusammenhalt wächst.

Die selbstverständliche und einigen leider neue Einsicht muss also lauten: Die sozialen Fragen verschwinden in einer durchlässigeren Gesellschaft nicht. Und Stolz und Ehre stehen auch denen zu, die hart arbeiten, aber keine erstklassigen Jobs verrichten. Ihre Anliegen müssen die Anliegen der ganzen Gesellschaft sein – und insbesondere das Anliegen der Parteien, die sich für die soziale Demokratie einsetzen. Die von manchen verbreitete und sorgfältig gepflegte Illusion, dass sich die sozialen Fragen in den westlichen Industriestaaten erübrigt hätten, lässt sich nicht aufrechterhalten. Natürlich stellen sich heute andere Fragen als vor 50 oder 100 oder 150 Jahren. Durch die Globalisierung und die bisherigen und künftigen technologischen Veränderungen werden die Perspektiven der Mittelschicht und der unteren Einkommensgruppen unmittelbar berührt. Doch auch künftig bleibt die Hoffnung, dass man klarkommen kann und Anstrengung sich lohnt, für den Zusammenhalt moderner Gesellschaften zentral.

Fortschritt und Vielfalt können bedrohlich und verheißungsvoll auf uns wirken, in jedem Fall sind sie anstrengend. Wir nehmen die Mühe gerne auf uns, wenn wir die Zuversicht haben dürfen, dass mit den überall spürbaren Risiken tatsächlich Chancen einhergehen, die wir ergreifen können. Das wird uns in einer freien und demokratischen Gesellschaft dann gelingen, wenn wir Gerechtigkeit als politisches Ziel nicht aufgeben. Die Hoffnung der vielen, die zu uns kommen, erinnert uns an das Grundversprechen der Moderne: Die Zukunft kann besser werden; wir haben es in der Hand. Deshalb können wir zuversichtlich und mit gar nicht so kühner Hoffnung in die Zukunft blicken.

LITERATUR

Folgende Essays und Bücher möchte ich Leserinnen und
Lesern ans Herz legen, die sich noch eingehender mit der
Thematik beschäftigen wollen. Mir haben diese Texte jedenfalls wichtige Impulse für mein Buch gegeben, ihre Lektüre
empfand ich als bereichernd, und ich empfehle sie aus sehr
unterschiedlichen Gründen gerne weiter:

Ralf Dahrendorf, Anmerkungen zur Globalisierung, in: Ulrich
Beck (Hrsg.), *Perspektiven der Weltgesellschaft*, Frankfurt a. M.
1998.

Dani Rodrik, *Das Globalisierungsparadox. Die Demokratie und
die Zukunft der Weltwirtschaft*, München 2011.

Branko Milanović, *Die ungleiche Welt. Migration, das eine
Prozent und die Zukunft der Mittelschicht*, Berlin 2016.

Robert J. Gordon, *The rise and fall of American growth*,
Princeton 2016.

Erik Brynjolfsson / Andrew McAfee, *The Second Machine Age.
Wie die nächste digitale Revolution unser aller Leben verändern
wird*, Kulmbach 2014.

Thomas Frank, *Listen, Liberal. Or: What Ever Happened to the Party of the People?*, New York 2016.

Didier Eribon, *Rückkehr nach Reims*, Berlin 2016.

Michael Young, *The Rise of the Meritocracy. An essay on education and equality*, London 1958 (deutsche Ausgabe unter dem Titel: *Es lebe die Ungleichheit. Auf dem Wege zur Meritokratie*, Düsseldorf 1961).

DANK

Ein solches Buch entsteht nicht in einem Vakuum, sondern es fußt auf ungezählten Gesprächen und Diskussionen, die ich in den vergangenen Monaten und Jahren geführt habe, sowie auf Aufsätzen und Reden, die ich als Hamburger Bürgermeister verfasst habe. Diese Texte sind das Ergebnis einer engen und produktiven Zusammenarbeit mit vielen klugen Mitarbeitern und Gesprächspartnern, bei denen ich mich an dieser Stelle herzlich bedanken möchte.

Stellvertretend möchte ich Renate Rampf, Angelika Ohland, Jens Prüß, Rolf Bösinger, Wolfgang Schmidt, Christopher Schwieger, Andreas Meier und Nils Grohmann nennen. Carsten Brosda und Steffen Hebestreit gebührt mein besonderer Dank.